EL CINTURÓN DE HIERRO
AYER Y HOY

HISTORIA COMPLETA DE LAS DEFENSAS DE BILBAO

AITOR MIÑAMBRES AMEZAGA

GALLAND editorial BOOKS
www.gallandbooks.com

Ilustración conmemorativa del frente de Vizcaya, representando el trazado del Cinturón Hierro.

EL TÉRMINO «CINTURÓN DE HIERRO»

En 1978, en una entrevista de los hermanos Aberasturi, que preparaban su libro *La Guerra en Euskadi*, Sabino de Apraiz, capitán ayudante del jefe de Operaciones de Euzkadi, declaró: *«permítame usted que llame por su verdadero nombre a tales fortificaciones: Cinturón Defensivo de Bilbao, y no Cinturón de Hierro, por el que nadie lo designó en Vizcaya durante la guerra»*. Entonces, ¿dónde y cómo se acuñó el término «Cinturón de Hierro»?

Hasta la fecha no hemos encontrado el momento exacto de su primera aparición. El capitán Pablo Murga, en su informe al mando franquista fechado el 25 de octubre de 1936, lo denomina *Línea de defensa próxima de Bilbao* y lo define como *«obras para formar un cinturón de fortificaciones que abrace Bilbao»*, a la vez que en su procesamiento por traición se habla genéricamente de *«obras de fortificación»* u *«obras de defensa»* de Bilbao.

La prensa italiana se hizo eco de la rotura de la «Cintura di ferro» o «Cinturone di ferro», dando irreal protagonismo a los legionarios italianos, como se ve en esta ilustración imaginaria de La Tribuna Illustrata (Col. Aitor Miñambres Amezaga).

Meses después, el capitán Goicoechea, tras pasarse a los nacionales el 27 de febrero de 1937, en su informe de 12 de marzo lo titula como *Campo atrincherado de la plaza de Bilbao*.

Una de las primeras referencias detalladas del término Cinturón de Hierro que conocemos, viene de la pluma del cronista Fernando Ors en el diario tradicionalista de San Sebastián *La Voz de España*, de fecha 26 de mayo de 1937, con un artículo titulado *Las escasas posibilidades de resistencia de Bilbao*, donde dice:

> Nuestras fuerzas rodean ya y están ya a la vista del cinturón de hierro que desde la parte derecha de la ría bilbaína se extiende hasta (...) Somorrostro para cerrar los cordones en el mar.

En respuesta a este término, el diario nacionalista vasco *Euzkadi*, con fecha 27 de mayo, contestaba de manera contundente:

> Los facciosos, en sus partes oficiales, en su prensa y en sus radios, hablan de estar ya combatiendo en el «cinturón de hierro» de Bilbao. La afirmación es totalmente falsa, por cuanto en ningún punto de su línea han tomado contacto con las defensas de Bilbao; pero la mentira que propalan demuestra la importancia que ellos conceden a las fortificaciones de nuestra villa. (...) En efecto, son ellos y no nosotros quienes han divulgado por el mundo la existencia de esa línea defensiva; y son ellos quienes la han bautizado con esos nombres,

El término «Cinturón de Hierro» fue traducido a varios idiomas. Esta postal editada en Francia muestra la «Ceinture de fer devant Bilbao» (Col. Aitor Miñambres Amezaga).

17. - *Evénements d'Espagne. — La Ceinture de fer devant Bilbao*

Arriba y página siguiente. En 1938, sin haber finalizado aún la Guerra Civil, se publicitaron y llevaron a cabo recorridos turísticos por las Rutas Nacionales de Guerra, visitando, entre otros, el Cinturón de Hierro de Bilbao (Biblioteca Nacional).

que a nosotros no se nos han ocurrido jamás: «cinturón de hierro», «cinturón de acero», «línea Maginot vasca» y otras calificaciones por el estilo. En cuanto a nosotros, los vascos, tan enemigos de la hipérbole portuguesa o italiana como del «kolosalismo» alemán, hemos llamado simplemente a esas defensas «el cinturón de Bilbao». Y eso en las contadas, en las rarísimas ocasiones en que a él hemos tenido que referirnos obligadamente.

Sea como fuere, el término parecía haber calado, e incluso en una traducción al euskera de un artículo del cronista norteamericano Janes Minific en el diario *Eguna*, de 13 de mayo de 1937, se habla de «*Bilbao'ko burdiñ-esia*», es decir, «cinturón de hierro de Bilbao».

Mientras tanto, los documentos e informes oficiales seguían refiriéndose a él como «El Cinturón de Bilbao» o simplemente «El Cinturón», aún a sabiendas de que esta era la línea defensiva próxima a Bilbao, pero que más cerca de la ciudad se estaba construyendo otro cinturón interior o línea defensiva inmediata a Bilbao.

En los momentos cercanos a la rotura días –11, 12 y 13 de junio de 1937–, la prensa franquista, en sus cabeceras, utilizó también con mayor frecuencia el término «*cinturón de Bilbao*» y el mismo Fernando Ors lo definió como «*la famosa línea Maginot bilbaína*». Por su parte, su correligionario, el corresponsal Pedro Sánchez, hacía el siguiente comentario:

> Ellos han tenido fe hasta el último momento en el tópico del cinturón de hierro. Y no le llamo tópico en sentido peyorativo de la palabra, sino porque a pesar de ser unas defensas formidables, con seguridad las más fuertes y seguras de cuantas se han construido en esta guerra, se había cimentado sobre su hipotética inexpugnabilidad una confianza absoluta con desconocimiento de la calidad del enemigo que tenía enfrente.

Casi cuatro décadas después, en 1974, en su libro *¿Por qué la tragedia de 1936?*, el comandante de Caballería republicano Antonio Sanjuán aseveraría:

La obra se alabó mucho. Los papanatas veían una obra muy bonita y quedaban maravillados. De este modo se hizo la propaganda al enemigo. ¡El cinturón de Bilbao, de hierro y cemento, era inexpugnable! Pero no se necesitaba más que sentido común para comprender que aquello era la obra de un señor de la «quinta columna» que quería servir al enemigo. En suma, el único valor defensivo del cinturón fue el heroísmo de los gudaris. Con superabundancia de medios los nacionalistas rompieron el cinturón. Luego se dijo que el éxito se debía al empuje de la heroica Infantería española, y a la ciencia militar de sus mandos. Nosotros con nuestra estupidez facilitamos esa propaganda, ya que se había dicho clamorosamente y lanzado a los cuatro vientos que el cinturón era inexpugnable.

Y es que los franquistas, para dar mayor prestigio a su triunfo, divulgaron el término «Cinturón de Hierro», término que acabó consolidándose en todas las esferas y siendo asimilado tanto por vencedores como por vencidos. Así, el propio lehendakari Aguirre, en su informe al Gobierno de la República de 1937, habla de «*la construcción defensiva que luego cobró tanto nombre, llamada "Cinturón de Bilbao"*», pero, sin embargo, en su libro autobiográfico *De Gernika a Nueva York pasando por Berlín*, de 1943, expresa: «*construimos el llamado "Cinturón de Hierro" de Bilbao*».

Cabe, por tanto, finalizar diciendo, respecto al término «Cinturón de Hierro», que, independientemente de su procedencia, con ese nombre nos ha llegado hasta nuestros días, haciendo su cambio hacia la denominación original tarea estéril.

INTRODUCCIÓN

La sublevación militar del 18 de julio de 1936 contra el Gobierno de la II República española tuvo desigual resultado en el País Vasco. Inicialmente, las noticias que llegaban eran confusas y las autoridades del Frente Popular conservaron el control en Vizcaya y en Guipúzcoa. El Partido Nacionalista Vasco, en un comunicado oficial aparecido en el diario *Euzkadi* el 19 de julio, declaraba que «*planteada la lucha entre la ciudadanía y el fascismo, entre la república y la monarquía, sus principios le llevan indeclinablemente a caer del lado de la ciudadanía y la república*», manifestando así su apoyo al Gobierno. Horas después, el coronel Camilo Alonso Vega declaraba el estado de Guerra en Vitoria, quedando bajo su control la mayor parte de Álava. Por otro lado, en la vecina Navarra, el general Mola mantenía desde Pamplona las riendas del alzamiento. No fue hasta el 21 de julio cuando la guarnición de San Sebastián, desde sus cuarteles del barrio de Loyola, decidió sublevarse, siendo el intento sofocado en los días sucesivos. Por su parte, en Bilbao, el Batallón Garellano se mantuvo leal al Gobierno. En esta tesitura, ambos bandos organizaron columnas: desde Navarra hacia Guipúzcoa, por parte de los rebeldes, integradas principalmente por soldados y voluntarios requetés carlistas; y desde Vizcaya y

División del territorio español tras la sublevación del 18 de julio de 1936.

Mar Cantábrico

Francia

Asturias
La Coruña
Lugo
Oviedo
Santander
Vizcaya
Guipúzcoa
León
Álava
Navarra
Pontevedra
Orense
Palencia
Burgos
Logroño
Huesca
Lérida
Gerona
Zamora
Valladolid
Soria
Zaragoza
Barcelona
Segovia
Tarragona
Salamanca
Ávila
Guadalajara
Madrid
Teruel
Castellón
Menorca
Mallorca
Portugal
Cáceres
Toledo
Cuenca
Valencia
Ibiza
Mar Mediterráneo
Ciudad Real
Albacete
Alicante
Badajoz
Córdoba
Jaén
Murcia
Huelva
Sevilla
Granada
Almería
Málaga
Cádiz
Lanzarote
La Palma
Tenerife
Fuerteventura
Tánger
Ceuta
Gomera
Gran Canaria
Melilla
Hierro

Océano Atlántico

Zona republicana
Zona nacional

Guipúzcoa hacia Álava, por parte de los gubernamentales, integradas por soldados, guardias y milicianos civiles armados. Los frentes se comenzaron a definir por contacto, dando lugar a los primeros combates de un conflicto en el que ambos contingentes esperaban vencer pronto.

Civiles y soldados con una ametralladora Hotchkiss combaten tras un parapeto en las cercanías de Irún (L'Illustration).

En pocos días el frente de Guipúzcoa se impuso como determinante. Las columnas de Mola comenzaron a presionar desde Navarra, bien organizadas y armadas, dirigidas por mandos militares profesionales. Por su parte, los gubernamentales contaban con la dirección de algunos oficiales del Ejército o de los cuerpos de seguridad, pero su armamento era deficiente y carecían de disciplina e instrucción.

Así, a lo largo del verano de 1936, los sublevados fueron haciéndose paulatinamente con el poder en casi toda Guipúzcoa. La batalla decisiva tuvo lugar en las cercanías de la ciudad fronteriza de Irún, entre los días 26 de agosto y 5 de septiembre, y fue durísima, llegándose a veces al combate cuerpo a cuerpo. Los defensores republicanos contaron con unos 2000 efectivos, principalmente milicianos de izquierda, bajo el

Desde Hendaya, civiles refugiados observan su pueblo en llamas (L'Illustration).

mando del teniente del cuerpo de Carabineros Antonio Ortega y del líder comunista Manuel Cristóbal. Por su parte, los atacantes, a las órdenes del coronel Beorlegui, dispusieron de un número ligeramente mayor de hombres, entre ellos los requetés navarros y las fuerzas del ejército regular, incluida una bandera de la Legión. Así, el 2 de septiembre la columna del comandante García Valiño tomó por asalto el monte San Marcial, altura que domina Irún. Durante los días sucesivos la resistencia continuó siendo durísima, cayendo la ciudad el día 5 en manos de los atacantes, destruida por los bombardeos aéreos de éstos y el incendio provocado por milicianos anarquistas en retirada. Con esta operación, los rebeldes consiguieron aislar de Francia el territorio republicano del norte, que así se mantendría hasta su liquidación total más de un año después.

Dueños de la situación, los sublevados avanzaron por la costa y el interior de Guipúzcoa, cayendo San Sebastián el 13 de septiembre en sus manos y, en los días posteriores, la casi totalidad de la pequeña provincia vasca, hasta alcanzar las lindes con la vecina Vizcaya. Sin embargo, a partir del día 23 de septiembre la situación dio un gran giro con la llegada 19 000 fusiles polacos y checos, lo que permitió armar a las débiles pero numerosas milicias vascas, que pusieron todo su empeño en frenar el avance enemigo sobre Vizcaya y finalmente lo consiguieron.

Página anterior, abajo. La ermita de San Marcial, tomada por los sublevados el 2 de septiembre de 1936 (L'Illustration).

Para el 4 de octubre, tras varios ataques fallidos, los sublevados no insistieron más sobre sus objetivos y el frente quedó estable, prolongándose esta situación durante seis meses. La divisoria quedó siguiendo en ese frente el trazado: Ondarroa, Berriatua, Etxebarria, monte Kalamua, Eibar, Elgeta, monte Intxorta y puerto de Kanpazar. Esta línea se prolongaba por el frente alavés y burgalés para enlazar con las posiciones republicanas cántabras.

Septiembre de 1936. Avance de una columna del Ejército sublevado por Guipúzcoa (F. Marín, Kutxateka).

Entre tanto, los acontecimientos políticos se sucedían. El 1 de octubre de 1936, las Cortes republicanas concedían el Estatuto de Autonomía al País Vasco, aprobado en plebiscito en noviembre de 1933 y paralizado durante el bienio 1934-1935. Así, el 7 de octubre de 1936, el nacionalista vasco José Antonio Aguirre, de común acuerdo con todas las fuerzas políticas republicanas, juraba su cargo de *lehendakari* (presidente) en la Casa de Juntas de Gernika. Los gobernadores civiles y a la vez presidentes de las Juntas de Defensa de Vizcaya y Guipúzcoa, José Echevarría Novoa y Antonio Ortega respectivamente, hicieron entrega de sus responsabilidades en nombre de la República a Aguirre, quien presentó su Gobierno de concentración formado por nacionalistas vascos a la cabeza, seguidos de consejeros del Frente Popular. El traspaso de poderes se escenificó al día siguiente, en Bilbao, con una revista y gran desfile de las fuerzas militares, policiales y milicianas leales a la República, ante el palacio de la Diputación Foral, en presencia de los representantes de las cancillerías extranjeras acreditadas en la villa. Nacía así el Gobierno de Euzkadi.

Aguirre, a la sazón presidente del País Vasco cuando prácti-

Bilbao, 8 de octubre de 1936. El presidente del Gobierno de Euzkadi, acompañado de los gobernadores civiles de Vizcaya –a la derecha– y Guipúzcoa –a la izquierda–, pasa revista a las unidades del Ejército republicano del País Vasco (Archivo Histórico de Euskadi).

Octubre de 1936. Gudaris en una posición defensiva en el monte Intxorta, sobre la población de Elgeta (Museo Memorial del Cinturón de Hierro).

Movilización de civiles en Bilbao, en este caso voluntarios nacionalistas vascos en una concentración llevada a cabo en Artxanda el 4 de agosto de 1936 (Archivo Histórico de Euskadi).

camente sólo Vizcaya quedaba bajo su jurisdicción, formó una consejería de Defensa bajo su mandato, y se empeñó en organizar y fortalecer, en la medida de lo posible, las fuerzas armadas organizadas en su ámbito. Así, y durante las siguientes semanas, militarizó las milicias de voluntarios, llamó a filas a los reservistas y dotó de un Estado Mayor a su contingente de 50 000 hombres. De esta manera, el lehendakari aspiraba a poder contar con una fuerza capaz de operar y reconquistar el territorio vasco perdido.

A la vez, el Gobierno de la República intentó articular las fuerzas del Norte –Euzkadi, Santander y Asturias–, para lo que envió de avanzadilla al teniente de Estado Mayor, ascendido a capitán, Francisco Ciutat, comunista, quien en un principio sintonizó positivamente con Aguirre.

La otra preocupación del lehendakari era fortalecer las defensas del frente y la retaguardia próxima a Bilbao. Ya días antes, cuando el avance de los sublevados era contenido en los límites entre Vizcaya y Guipúzcoa, la Junta de Defensa de Vizcaya había previsto la posibilidad de crear un campo atrincherado en torno a Bilbao para proteger la villa, llegado el caso. Para ello,

11

contaba con los conocimientos inestimables del comandante de Ingenieros, y diplomado de Estado Mayor, Alberto Montaud. Este era especialista en fortificaciones y había sido profesor en la Escuela Superior de Guerra. Leal a la República y muy buen profesional, fue trasladado de Madrid a Guipúzcoa en julio de 1936 como jefe de Estado Mayor para la defensa de aquel territorio, ahora perdido. El 2 de octubre, cuando aún no se había decidido la suerte del frente vasco, Montaud recibió la orden de *«proyectar una línea defensiva próxima a Bilbao»*. Con vistas a llevar adelante esta iniciativa, se creó, el día 5 y en el seno de la Segunda Sección de su Estado Mayor, el Negociado de Fortificaciones, al frente del cual, y por solicitud del interesado, quedó como jefe el capitán de Ingenieros, retirado, Alejandro Goicoechea. Fue al siguiente día, cuando el capitán de Ingenieros, en activo, Pablo Murga, destinado a ese departamento de Fortificaciones, se incorporó en calidad de segundo jefe.

Aunque el frente de guerra se había estabilizado en las lindes de Vizcaya con Guipúzcoa y Álava, la amenaza persistía y si el Ejército nacional rompía las defensas existentes, podría avanzar sin pausa hasta Bilbao, tomándola. Por tanto, Aguirre decidió poner en marcha inmediatamente la construcción de un cinturón defensivo de Bilbao, que protegiera la metrópoli del alcance del ejército enemigo y de su artillería. Si las fuerzas atacantes alcanzaban Bilbao y le ponían cerco, Bilbao resistiría invicta, como en las Guerra Carlistas del siglo XIX, hasta que el conflicto se resolviera favorablemente y el asedio pudiera ser levantado.

El capitán de Estado Mayor Francisco Ciutat -con gorra de plato- junto al Lehendakari Aguirre –con sombrero claro– y sus consejeros, durante el recibimiento a un batallón vasco retornado de Asturias, el 25 de octubre de 1936. (Archivo Histórico de Euskadi).

EL PROYECTO

Las teorías militares del momento diferenciaban el concepto de fortificación permanente del de fortificación de campaña. La primera era *«propia de tiempo de paz, empleando el tiempo sin limitaciones y toda clase de medios constructivos»*, como la contemporánea Línea Maginot. La segunda era reservada a *«los propios ejércitos, en el mismo campo de batalla con los materiales que pudieran transportar fácilmente consigo o que encontrasen en localidades propias o sobre el terreno»*, como explicaban los manuales de fortificación de campaña de la época (Capdevila, 1938).

Arriba. El comandante de Ingenieros Montaud –en el centro– y el comandante de Caballería Sanjuán –a la izquierda–, dos militares profesionales con mando en el País Vasco durante 1936. (Archivo Histórico de Euskadi).

Abajo. Los aeródromos de Lamiako –en la fotografía– y Sondika, eran vitales para la defensa aérea y la comunicación con el exterior, por lo que quedarían protegidos por el Cinturón Defensivo (Leioa).

En el caso de Bilbao, situado a 45 km del frente, se trataba de fortificar una plaza en la relativamente distante o cercana retaguardia. El comandante Montaud y su equipo desecharon la opción de la fortificación permanente por la urgencia de la obra y decidieron poner en marcha la construcción de una fortificación de campaña. Así mismo, se vieron dos opciones para llevar a efecto la construcción del campo atrincherado: la de una línea formada por organizaciones independientes de flanqueo mutuo, es decir, posiciones distantes que cubrieran con sus fuegos todos los puntos a defender; y la de una línea continua, ininterrumpida, de trincheras y fortificaciones, acorde con las características de las tropas que en su día defenderían las posiciones.

El sistema elegido tendría que garantizar la protección de diversos elementos importantes del centro y la periferia de Bilbao –aeródromos, embalses, puntos estratégicos– y para ese propósito era necesario un perímetro defensivo de longitud considerable, ya que el enemigo, dueño de la iniciativa, podría atacar por cualquier punto. Partiendo de la base

de que no cabía en ese momento la posibilidad de construir una línea especialmente robusta, era necesario aprovechar la orografía montañosa favorable a la defensa. Además, Montaud era consciente de la dificultad de disponer de armas automáticas y efectivos suficientes para guarnecer el Cinturón, por lo que el trazado del mismo se reduciría a lo indispensable[1].

Para este propósito, aparentemente contradictorio, de *«proteger la mayor área posible con las tropas de ocupación disponibles, el sistema defensivo habría de ser lineal»* y ahora cabía decidir *«si consistiría en una o varias líneas de organizaciones aisladas»* o, por el contrario, *«en la organización de una o varias líneas continuas»*.

En el primer caso, *«una organización a base de puntos de apoyo, elementos principales de defensa, tropezaba con serias dificultades de orden militar, material y moral»*, en palabras de Montaud. La experiencia había demostrado su fracaso, por lo fácil para el enemigo de concentrar sus fuerzas sobre objetivos individualizados, pulverizándolos. Así, la caída de una de esas organizaciones aisladas arrastraría a los espacios de intervalo entre posiciones. Por otra parte, el trazado montañoso casi rectilíneo del

El embalse de Zollo, en Arrankudiaga, sería el aljibe indispensable para cubrir las necesidades de agua de Bilbao y su área metropolitana en caso de un prolongado asedio (Arrankudiaga).

Central eléctrica de Burtzeña, en Barakaldo, esencial para el suministro de energía para la industria de guerra y la actividad cotidiana (Ayuntamiento de Barakaldo).

1.- Archivo Histórico de Euskadi (en adelante AHE), Fondo Carlos Blasco, Documentos, C12/07, 1 FOL. Montaud, *Informe sobre las actuales defensas de Bilbao*, 1937.

A pesar del riesgo de bloqueo marítimo por parte de la armada franquista, el puerto de Bilbao quedaría protegido por el Cinturón para poder mantener su actividad mercantil en torno al abastecimiento de víveres, materias primas y armas (Erri).

Cinturón impediría sacar provecho de las organizaciones flanqueantes, o bien se confundirían estas con los intervalos entre ellas, sin darles ventaja. A ello habría que sumar que los focos de resistencia discontinuos serían fácilmente detectables por el enemigo, por observación o por la resistencia presentada, lo que invitaría a los atacantes a maniobrar sobre ellos con cierto éxito. A este respecto es muy aclaratoria esta observación del militar:

Nuestro miliciano, excelente soldado en absoluto, carece naturalmente de la mentalidad militar y, como carece principalmente de verdaderos oficiales profesionales, está a merced de confusos contagios y obedece ciego al temor de verse envuelto por el adversario.

Para Montaud, la única manera de dificultar la maniobra enemiga sería robustecer los flancos de los puntos de apoyo, lo que llevaría finalmente a constituir una línea continua, pero aun así imperfecta.

En contraposición, Montaud expresaba que «*el sistema continuo de obras campales deducido de la experiencia de la Gran Guerra ha hecho escuela*», pasando a la historia las fortalezas aisladas vencidas por las armas modernas. La profusión de armas automáticas permitió a las posiciones resistir hasta la llegada de refuerzos; las obras de tierra continuas impidieron a los atacantes individualizar los elementos activos y superarlos, a pesar del castigo artillero; y la repetición en profundidad de las fortificaciones proporcionó gran elasticidad a la defensa y produjo el agotamiento del atacante.

Dado que el nuevo sistema requería grandes contingentes para llevar a cabo los trabajos de fortificación y la defensa, así como una retaguardia produciendo a gran escala, Bilbao tendría que conformarse con la implantación de una organización defensiva más modesta, en proporción a sus medios, a pesar de la superioridad del ejército rival. Inicialmente, el Cinturón tendría una ocupación mínima y permanente de tropas de guarnición con máquinas automáticas, y una vía eficaz para recibir refuerzos que le permitiesen resistir. Concluía Montaud:

Las factorías del Nervión, situadas dentro del perímetro defensivo de Bilbao, mantendrían su producción de manera continuada. En la imagen, taller de munición de la factoría La Naval de Sestao (Sociedad Española de Construcción Naval).

> En tal sentido fue decidida la línea defensiva ordenada, presidiendo como idea general en el proyecto la continuidad y flanqueo múltiple con armas automáticas, el establecimiento de estas armas, que constituían la osamenta defensiva, bajo coraza de hormigón y la creación de líneas múltiples que permitieran la defensa elástica.

Dada la urgencia y los medios disponibles, se decidió comenzar con la construcción de una línea básica de trinchera que abrazara todo el perímetro a fortificar, robusteciéndola con nidos de ametralladora blindados y obstáculos elementales. Los pasos naturales serían reforzados. Posteriormente, y de manera progresiva, se llevarían a cabo los programas de perfección: *«enmascaramiento, construcción de abrigos, de explanadas de artillería y erección de una segunda línea a retaguardia, construcción de carreteras, de campamentos, de observatorios acorazados, de teleféricos, de la red de transmisiones, etc.»*.

COMIENZA LA OBRA

Montaud estableció un trazado de 80 km siguiendo las alturas que circundan Bilbao y dando instrucciones de que la construcción debía obedecer a los siguientes principios:

Poca elevación; adaptación al terreno; gran elasticidad y profundidad por reiteración sucesiva y escalonada de líneas continuas de trincheras; profusión de armas automáticas en nidos blindados provistos de abrigos; puestos fijantes, flan-

El trazado del Cinturón Defensivo de Bilbao, según la propuesta del comandante Montaud.

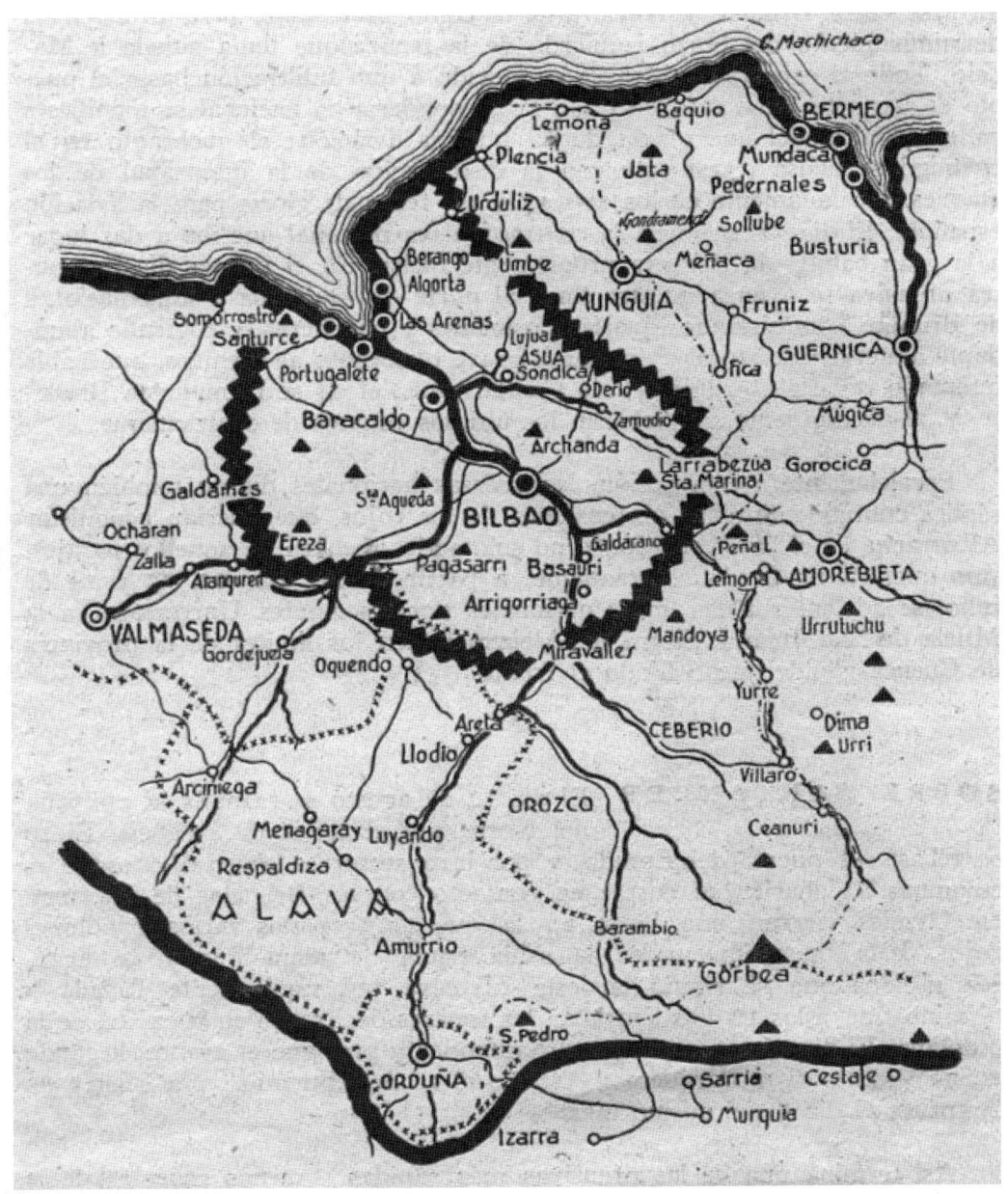

queantes y rasantes, combinados entre sí, con alambradas repetidas y cruzadas, batidas con fuego de frente y flanco; centros aislados de resistencia; y máxima ocultación[2].

La obra, encomendada a los capitanes Goicoechea y Murga, comenzó el día 9 de octubre, disponiendo para ello de una plantilla de técnicos civiles, a falta de militares profesionales, consistente en 13 arquitectos, 12 ingenieros de caminos, 10 ingenieros industriales, dos ingenieros de minas, un ingeniero agrónomo, tres aparejadores, así como dieciséis contratistas y cerca de 11 000 obreros. Se inició, en palabras de Goicoechea:

> Sin proyecto alguno previo (…) traduciendo aparentemente a la práctica las instrucciones de Montaud, (…) por demostrar éste grandes conocimientos en la materia (…) y [Goicoechea] apenas recordar nada que a fortificación se refiriese. La constancia gráfica de la obra se fue efectuando lentamente y a medida de su misma realización.

Así, para llevarse a cabo, inicialmente dispuso de «*un plazo de construcción de dos meses, poniendo a mi disposición toda clase de elementos técnicos, materiales y obreros sin limitación*».

Dado lo extenso del perímetro a fortificar, este se dividió teóricamente en cinco sectores, de Oeste a Este:

> 1º Sector Ciérvana, que comprende desde Punta Lucero hasta Sodupe; 2º Sector Monte Ganecogorta, que comprende desde Sodupe hasta Miravalles; 3º Sector Macizo de Upo, que comprende desde Miravalles hasta Usánsolo; 4º Sector, que comprende desde Usánsolo hasta el Gaztelumendi; y 5º Sector Este, que comprende desde Gaztelumendi hasta el mar (...) y las organizaciones independientes o centros de resistencia de Sodupe y Miravalles.

En la práctica, esta sectorización fue menos rígida y atendiendo en cada caso a las circunstancias del momento. Así, al inicio de la obra, los sectores de trabajo, de Este a Oeste, fueron los siguientes: Sector Barrika-Urduliz (comprendía las secciones 1ª Barrika, 2ª Urduliz, 3ª Collado de Urduliz y Pozozabale, 4ª Unbe Km. 14); Sector Artebakarra (comprendía las secciones 1ª Artebakarra, 2ª Gamiz-Fika, 3ª Lezama-Fika); Sector El Gallo

El capitán de Ingenieros retirado Alejandro Goicoechea, jefe del Negociado de Fortificaciones de Euzkadi y de las obras del Cinturón (Museo Memorial del Cinturón de Hierro).

Obreros realizando trabajos de fortificación en torno a Bilbao. (Erri).

2. Archivo General Militar de Ávila (en adelante AGMAV), C.2585, 28 / 1-4. Goicoechea, *Campo atrincherado de la plaza de Bilbao*, 12-03-1937.

¡TRABAJADORES DE TODOS LOS PAISES: UNÍOS! ¡ERRI GUZIETAKO LANGILLEAK, ALKARTU!

Euzkadi Roja

ORGANO DEL C.C DEL **PARTIDO COMUNISTA DE EUZKADI** I.C.

Año V · FRANQUEO CONCERTADO · Bilbao, sábado, 10 de Abril de 1937 · SEGUNDA · Núm. 171

¡VASCOS, EN PIE!

Nos ayuda Madrid destrozando a sus sitiadores.

Nos ayuda Cataluña iniciando la ofensiva.

Recibimos las mejores ayudas.

REFORCEMOS, PUES, NUESTRA ACCION:

las mujeres, incorporándose a la producción,

los hombres trabajando incansablemente en las fortificaciones y en las líneas de fuego, que es donde está la verdadera defensa de Bilbao, atacando. Siempre que es posible

la mejor defensa es el ataque!

offoff«La mejor defensa es el ataque», eslogan de cabecera en un diario comunista vasco. (Euzkadi Roja).

Cartel editado en Bilbao para alertar del espionaje y evitar los comentarios indiscretos (Asociación de Obreros Litógrafos).

(comprendía las secciones 1ª Larrabetzu 1, 2ª Larrabetzu 2, 3ª Erletxes, 4ª de Erletxes a El Gallo, 5ª de El Gallo a Usansolo, 6ª de Usansolo a Miravalles); Sector Miravalles (comprendía las zonas 1ª Upo Mendi, 2ª Zollo, 3ª Miravalles-Arrankudiaga); Sector Sodupe (comprendía las zonas 1ª a la derecha de Sodupe, 2ª a la izquierda de Sodupe); y Sector Zierbena-Galdames (unificada una sola sección). Posteriormente, se incorporarían dos nuevas secciones, denominadas Lauros-Lujua y Lauros Laukiniz respectivamente, con el fin de unir los sectores de Barrika-Urduliz y de Artebakarra.

En palabras de Montaud:

...los trabajos empezaron con un ardor y una actividad inusitada, que presagiaba una rapidez ideal en su terminación. Técnicos, obreros y materiales fluían copiosamente a la obra gigantesca cuya organización, cuidadosa y atrevida al mismo tiempo se perfeccionaba por momentos...

Se incorporaron a la actividad muchos refugiados de Guipúzcoa desocupados y personal del ramo de la construcción requerido para los trabajos. Con el paso de los días, los problemas de transporte y de suministro de herramientas fueron solucionándose.

Así, durante la segunda quincena de octubre la obra empleó a 10 998 obreros distribuidos de este modo: Sector Barrika-Urduliz (1663); Sector Artebakarra (1350); Sector El Gallo (1817); Sector Miravalles (2311); Sector Sodupe (3155); y Sector Zierbena-Galdames (702).

Según una valoración crítica de la época:

...hay que hacer constar, en justicia, que se tropezó con una desgana muy grande en el personal encargado de ejecutar las obras, siendo numerosísimas las denuncias que por escaso rendimiento del obrero se recibieron en esta sección[3].

Por su parte, Montaud reconoció que la intensidad de los trabajos no fue constante y que pronto empezaron a manifestarse languideces en el trabajo y disminución en el personal. Aparte de la dureza de las tareas, la poca constancia de algunos voluntarios o la sensación de que el peligro ya estaba lejano, para el comandante de Ingenieros, el motivo principal de que muchos obreros bajaran su rendimiento o pidieran su baja era la falta de reconocimiento a su trabajo:

> Sobresalía la influencia de un seguidismo político plasmado en campañas de prensa (...). Había que ir al frente, sufrir las penalidades de la guerra, compartir sus riesgos y fatigas. En la base de esto se sentaba el principio de que los trabajadores de la fortificación eran unos emboscados. Esto desmoralizaba a los trabajadores, superaba el clásico complejo de repugnancia que tuvieron siempre los soldados por el útil del zapador y colocaba a las tropas de zapadores en condición de inferioridad, lo que muy pronto habría de dar sus frutos agrios.

Esta situación de poco aprecio por el concepto de fortificación tuvo su punto más alto con otra campaña de prensa en base al eslogan de que:

Un agente de la Ertzaña -Policía vasca- muestra una estación portátil de campaña requisada al mercante alemán *Palos* (Museo Memorial del Cinturón de Hierro).

3.- AHE, Fondo Carlos Blasco, Documentos, C12/07, 1 FOL. Defensa, *Extracto de memoria de las obras de defensa "Cinturón de Bilbao"*, 1937.

Embarcadero de la Zona Internacional de Las Arenas. En primer plano puede observarse el edificio del Club Marítimo del Abra, convertido en cuartel de la Ertzaña. (Memorias de Getxo).

Wilhelm Wakonigg, cónsul de Austria y de Hungría en Bilbao. Miembro del Partido Nazi, dirigía una red de espionaje a favor de los sublevados. (Muga).

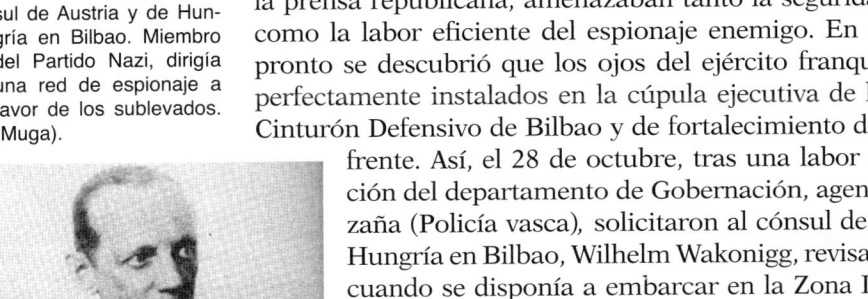

...la mejor defensa es el ataque, principio clásico en su esencia, pero inexplicablemente mal interpretado, en este caso por personas que al decidirse a difundirlo deberían saber lo que decían.

LA DETENCIÓN DEL CAPITÁN PABLO MURGA

A finales de octubre de 1936, ni la falta de motivación de algunos obreros, ni la inexperiencia de los técnicos civiles en la ejecución de obras militares, ni el nivel de organización mejorable, ni la prensa republicana, amenazaban tanto la seguridad de Bilbao como la labor eficiente del espionaje enemigo. En este sentido, pronto se descubrió que los ojos del ejército franquista estaban perfectamente instalados en la cúpula ejecutiva de las obras del Cinturón Defensivo de Bilbao y de fortalecimiento de la línea del frente. Así, el 28 de octubre, tras una labor de investigación del departamento de Gobernación, agentes de la Ertzaña (Policía vasca), solicitaron al cónsul de Austria y de Hungría en Bilbao, Wilhelm Wakonigg, revisar su equipaje cuando se disponía a embarcar en la Zona Internacional de Las Arenas (Getxo) en el destructor británico *HMS Exmouth* rumbo a Francia. En palabras de otro británico, natural de Sudáfrica y corresponsal del diario londinense *The Times* en Bilbao, George Lower Steer:

Wakonigg protestó. Dijo que el cónsul tenía derechos diplomáticos y que abrir su equipaje significaría una violación del procedimiento. Pero los de la Policía vasca dijeron que no; que estaban informados de que

21

los cónsules no tenían inmunidad diplomática en ese sentido. (...) «Está bien –dijo Wakonigg–, ignoro el porqué de todo este alboroto, pero ya que se empeñan, abriré yo mismo el equipaje aquí. No tengo nada que ocultar». (...) Se hizo una buena redada de documentos en la maleta. Primero venía un informe del capitán de Ingenieros Pablo Murga con la forma de construcción del Cinturón de Bilbao y minuciosos detalles sobre las fortificaciones (...) sugería a los facciosos que la mejor manera de detener los trabajos en curso era las frecuentes visitas de la aviación» (Steer, 1938).

En efecto, la maleta de Wakonigg contenía una carta de Murga al general jefe del Estado Mayor del Ejército del Norte nacional, fechada el 25 de octubre, en la que Murga expresaba su adhesión al Movimiento Nacional y la imposibilidad de haber tomado parte en la sublevación en Bilbao, momento tras el cual había pasado desapercibido hasta recibir la orden de incorporarse a la segunda Sección del Estado Mayor vasco para, con carácter de segundo jefe, encargarse de la dirección de las obras de fortificación de Bilbao, designándosele la zona oriental del Cinturón. Murga justificó la aceptación del cargo por el gran servicio que podría prestar a la causa rebelde, informando de la marcha de las obras. Así, ya había realizado anteriormente otros dos envíos de información, pero desconocía si habían llegado a su destino, confiando en que este tercero sí lo hiciera. Acompañaba a su carta un informe que, resumidamente, decía:

Tarjeta comercial de Wilhelm Wakonigg. (Col. Aitor Miñambres Amezaga).

El destructor británico HMS Exmouth (H02) saliendo del puerto de Bilbao en 1936. Sería hundido durante la Segunda Guerra Mundial, en enero de 1940, por el submarino alemán U-22. (Royal Navy).

Línea de defensa próxima de Bilbao. (...) El día 2 del actual, y por indicación de algunos partidos políticos, apoyada por el jefe de E. M. del frente de Guipúzcoa, comandante Montaud, dispuso el Departamento de Guerra que se preparara ese cinturón a fin de extremar en él la resistencia y retardar lo más posible la caída de Bilbao. Dicho cinturón debía estar situado a la distancia precisa para librar la población del fuego de artillería y tener un mínimo desarrollo,

El periodista británico George Lower Steer, corresponsal del diario *The Times* de Londres en Bilbao. Movilizado durante la Segunda Guerra Mundial, murió en Birmania el día de Navidad de 1944 debido a un accidente de carretera.

El capitán de Ingenieros Pablo Murga Ugarte, segundo jefe en la construcción del Cinturón Defensivo de Bilbao y colaborador de la red de espionaje del cónsul Wakonigg. (La Gaceta del Norte).

para limitar en lo posible› las fuerzas que hubieran de ocuparlo. (…) En su elección y determinación de los tipos de obras se dejó libertad (…). Para llevar a cabo las obras se organizó la segunda sección del E. M. (…) Al frente de dicha sección se puso un capitán de Ingenieros auxiliado por otro del mismo Cuerpo y empleo, completándose el personal administrativo y auxiliar con individuos procedentes de partidos políticos. Para la dirección de las obras se exigió la prestación de los arquitectos, ingenieros de Caminos, Industriales y de Minas, y para su ejecución se dio orden de paralización de todas las obras que no fueran de guerra, exigiéndose el concurso de todos los contratistas de la construcción con su personal y herramientas. (…)[4].

El informe continuaba con la descripción detallada del trazado de la línea defensiva, punto por punto, así como de las fortificaciones construidas en cada sector y sus características. Concluía en este punto con el consejo de que «*el mejor medio de atrasar la ejecución de estas obras creemos sería la frecuente visita de los aviones utilizando de vez en cuando las ametralladoras*».

A la vista de lo encontrado, se ordenó ese mismo día detener al capitán Murga, para lo cual se cursó la siguiente solicitud al consejero de Gobernación, Telesforo Monzón:

Deténgase sin pérdida de tiempo, empleando para ello la mayor actividad, diligencia y prudencia, al capitán de Ingenieros don Pablo Murga, quien, si no está en su domicilio o en la Comandancia militar, se encontrará en las obras de fortificación que se están realizando cerca de Bilbao. Para ello conviene dirigirse al comandante (sic) Sr. Goicoechea para conocer el lugar donde el Sr. Murga pudiera encontrarse en ese momento. Encareciendo de nuevo la urgencia del servicio, sírvase cumplir esta orden a los efectos consiguientes»[5].

El escrito, conservado sin firma, no puede tener otro remitente que el lehendakari Aguirre, por ser la única persona que en tal tesitura pudiera dar órdenes al consejero. Queda además patente en el texto la confianza de Aguirre en Goicoechea, al titularle comandante y al confiar a él la localización de Murga. No parece que en tal circunstancia Goicoechea intentase ayudar a Murga, avisándole del peli-

4.- Museo Memorial del Cinturón de Hierro (en adelante MMCdH), Gobierno Provisional de Euzkadi, *Información sobre actos de hostilidad contra el Poder legítimo en territorio vasco*, 1936.

5.- AHE, Fondo Gobierno vasco Presidencia, Secretaría General, 18.1 (38), 185.23, 18/1

gro que corría, si es que realmente lo sabía. No obstante, la referencia a Goicoechea, distante y sin nombrarle, en el informe de Murga al Mando nacional, no da pie a deducir una complicidad evidente entre ellos. Sí queda patente la relación jerárquica entre ambos personajes, con la autoridad de Goicoechea sobre Murga.

El juicio contra el capitán Murga, acusado de traición, tuvo lugar el 10 de noviembre en la Audiencia de Bilbao, ante un Tribunal Popular presidido por el letrado José Espinosa, y con gran expectación y seguimiento por parte de la prensa[6]. En la vista, el encausado respondió a las preguntas del fiscal y de su abogado, declarando que había sido incorporado a las obras de fortificación sin ser consultado y que había decidido por propia voluntad informar al enemigo de las obras de defensa que se realizaban en Bilbao, para lo cual entregaba sus informes al

Telesforo Monzón, consejero de Gobernación del Gobierno de Euzkadi y nacionalista vasco, al igual que el Presidente José Antonio Aguirre. (Muga).

cónsul de Paraguay, Federico Martínez Arias, con la intención de que llegaran al enemigo. Murga justificó su actitud de favorecer a los nacionales en base a que era católico y español. Seguidamente, en lo concerniente a su trabajo, comparecieron como testigos personas cercanas al encausado. Primero prestó declaración el capitán de Ingenieros Ernesto Lafuente, quien manifestó que:

Página siguiente, arriba.
La sentencia del capitán Murga recogida en el diario La Tarde de Bilbao, el primer rotativo en dar la noticia ese mismo día 10 de noviembre.

> ...trabajaba con el procesado señor Murga en las obras de fortificación y defensa de Bilbao, pero como cada uno de ellos estaba encargado de un sector determinado, no conocía los trabajos que el encartado en este sumario realizaba, pero que

El Tribunal Popular del País Vasco en una imagen tomada durante un juicio. (Muga).

6.- Euzkadi, 11-11-1936.

El capitán Murga, condenado a la última pena

Después de la diligencia evacuada en la cárcel de Larrínaga cerca del cónsul de Austria Hungría, señor Wakonning, que no pudo comparecer en la Audiencia a prestar declaración por hallarse enfermo, se reanudó ayer tarde la vista de la causa instruída por el delito de traición contra el capitán de Ingenieros señor Murga.

Informaron el fiscal, señor Gomendio, y el letrado defensor, señor Migoya, y acto seguido emitió el Jurado veredicto, que fué de culpabilidad.

Abierto el juicio de Derecho, volvieron a informar las partes, solicitando el fiscal la pena de muerte, y la defensa, fundándose en que el hecho realizado por su patrocinado constituía un delito en grado de frustración, interesó del Tribunal que se le aplicara la pena establecida para estos casos en el Código ordinario.

Media hora duró la deliberación del Tribunal de Derecho, y al reaparecer en la Sala el presidente, señor Espinosa, dió lectura, en medio de la mayor emoción del numeroso público que asistía a la vista, de la sentencia, la que condena al capitán señor Murga a la última pena.

Derecha. El comandante de Infantería José Anglada, militar de la guarnición de Bilbao y colaborador de Wakonigg. Ambos fueron juzgados y posteriormente fusilados, junto con el cónsul de Paraguay Martínez Arias. (Regimiento Garellano 45).

sabe que los hizo y que procedió con lealtad.

Seguidamente declaró Alejandro Goicoechea que conocía:

...el trabajo realizado por Murga, pues, aunque tenían a su lado distintos sectores de fortificación, todos los días hablaban y nunca dudó de que las labores efectuadas bajo la dirección del procesado se hicieran con absoluta normalidad.

Así mismo, Goicoechea, a la pregunta del fiscal de si él podía enterarse de los trabajos que se realizaban en otros sectores, respondió que «en donde nos reuníamos se debatían todos los asuntos», lo que parece un poco extraño, ya que podía haber respondido que, como capitán jefe del Negociado, estaba al corriente de todo. Por último, compareció el arquitecto bilbaíno Tomás Bilbao quien, respondiendo a las preguntas que se le hicieron, indicó que:

...ofreció su colaboración para participar como elemento director en las obras de defensa y vio los trabajos iniciales. (…) Celebró una entrevista con Murga, donde éste le dio unas lecciones de táctica y estrategia militares (…) que le parecieron razonables.

Tras escuchar a los testigos, el fiscal, Miguel Gomendio, concluyó lo siguiente:

Los hechos son claros. El procesado era un capitán de Ingenieros que se hallaba en la sección de Industrias Movilizadas y que al declararse el movimiento no exteriorizó disgusto alguno y continuó desempeñando sus funciones. Creyendo en su lealtad y fidelidad al régimen, la Junta de Defensa le encargó que dirigiera las obras de fortificación y defensa de la villa. Aceptó el cargo, pero los hechos nos informan que lo aprovechó para informar al enemigo. No solo se enteró de las obras de carácter militar, sino que por sus relaciones tenía que enterarse de otras circunstancias que también recogió para emitir tres informes al enemigo, valiéndose para ello de una persona investida de un carácter que le concedía absoluta impunidad, la de agente consular. (...) Todo ello implicaba un peligro evidente para la defensa de Bilbao, que tendía a facilitar al enemigo la entrada.

En cuanto a las ideas religiosas, que, según el procesado, le hacían faltar a sus deberes, no pueden tener cabida en un ideal católico firmemente sentido, porque no puede admitirse que pueda sentirse así quien con los informes que suministraba podía dar lugar a que los aviones del enemigo ametrallaran a los obreros constructores de las obras. Tampoco puede admitirse el temor a un fusilamiento, porque el militar no puede eludir responsabilidades cuando se trata de defender el Poder legal.

Así, Gomendio pidió para el acusado la pena de muerte, así como la previa de degradación por su condición de militar. Por su parte, el abogado defensor, Juan Migoya, a tenor de las pruebas y en base a consideraciones jurídicas, reclamó que a su defendido se le aplicara el Código Penal y no el Código de Justicia Militar, correspondiéndole, en caso de culpabilidad, la pena de reclusión mayor, solicitud que no fue admitida.

Seguidamente, tras su deliberación, los magistrados del Tribunal de Derecho dictaron sentencia: *«condenamos al procesado Pablo Murga Ugarte, por el delito de traición, a la pena de muerte, previa degradación por su condición de militar»*. Por último, el jurado votó, con resultado desfavorable para el acusado, primero la revisión de la causa y, después, la conmutación de la pena. La ejecución se llevó a cabo el 12 de noviembre en el cementerio de Derio. La misma pena les fue aplicada a otros tres de los encausados por formar parte de la red de espionaje descubierta, y así, Wilhelm Wakonnig, Federico Martínez Arias y el comandante de Infantería José Anglada serían fusilados una semana después, el día 19, en el mismo lugar.

El capitán de Ingenieros Ernesto Lafuente –posteriormente comandante–, nombrado por Aguirre jefe de la 4ª Sección del Estado Mayor, de la que dependería en adelante el departamento de Fortificaciones. Con la caída de Santander, fue hecho prisionero y, tras un consejo de guerra, fusilado el 18 de diciembre de 1937. (Archivo Histórico de Euskadi).

Los cuadros de mando y Estado Mayor del Ejercito de operaciones de Euzkadi*

ORDEN

A propuesta del jefe de operaciones del Norte, capitán don Francisco Ciutat, y vistas las necesidades que origina el periodo de organización militar en el que entra el País Vasco, vengo en disponer la siguiente organización de los cuadros de mando y Estado Mayor del Ejército de operaciones de Euzkadi:

Jefe de operaciones del País Vasco: Capitán don Modesto de Arámbarri

Ayudantes del jefe de operaciones: Capitanes don Alfredo Samaniego y don Sabino de Apraiz.

Estado Mayor

Jefe del Estado Mayor: Comandante don Alberto Montaud.

1ª Sección, Organización: Comandante don Antonio Naranjo.

2ª Sección, Información: Capitán don José María Arbex.

3ª Sección, Operaciones: Señor jefe de operaciones y señor jefe de Estado Mayor.

4ª Sección, Servicios: Capitán don Ernesto Lafuente.

5ª Sección, Topografía: Don Manuel de Uribe-Echevarría.

Los jefes de sector que fueron designados o ratificados por este Departamento de Defensa, continuarán en sus puestos respectivos. Asimismo, las personas civiles cuyos cargos fueron conferidos por el consejero de Defensa que suscribe.

El comandante don Antonio San Juan, a propuesta del jefe de operaciones del Norte y por aceptación del consejero que suscribe, queda encargado de la formación del Regimiento de la Caballería del Norte.

Dado en Bilbao, a 6 de noviembre de 1936.

El Consejero de Defensa del Gobierno Provisional de Euzkadi

JOSE A. DE AGUIRRE

* Diario Oficial del País Vasco (en adelante DOPV), 07-11-1936.

El presidente Aguirre con mandos del Cuerpo de Ejército de Euzkadi durante una visita al frente. De izquierda a derecha: el secretario de Defensa Rezola (1), el Lehendakari (3), el comandante Montaud (4), el capitán Arambarri (5), el teniente coronel Irezabal (6) y el capitán Gómez Bullón (7). Todos estos militares fueron ascendidos al empleo superior el 4 de febrero de 1937 (Archivo Histórico de Euskadi).

La desarticulación de esta organización supuso un duro golpe para el espionaje franquista en Vizcaya, ya que dejaba fuera a de juego a personas situadas en puestos clave con acceso a la información y servía de aviso a posibles continuadores de esa actividad, a la vez que mantenía en guardia a las autoridades frente a la amenaza «quitacolumnista».

LA MARCHA DE LAS OBRAS

A principios de noviembre se reorganizó el Estado Mayor del Cuerpo de Ejército de Euzkadi. El comandante Montaud se mantenía como jefe del mismo y los trabajos de fortificación pasaban a depender de la 4ª Sección, Organización, con el capitán Ernesto Lafuente al mando.

Casualmente, en la misma fecha en que Pablo Murga era fusilado, se producía la primera paralización de la obra, en opinión de Montaud *«por causas que no ponen en claro las órdenes dadas para ello»*, pero explicada después a los franquistas por Goicoechea como *«so pretexto de dificultades de transporte de material y personal, adquisición de nuevas herramientas y otros alegados motivos, consiguiendo con ello retrasar la obra»*.

Arriba. Durante los días de la ofensiva sobre Álava, todas las atenciones del Mando vasco estuvieron puestas en esa operación. En la imagen, el capitán Ciutat –con gorra de plato–, el cartógrafo de Estado Mayor Uribe-Etxeberria –con gafas– y el exgobernador de Vizcaya Echevarría Novoa –con la cabeza sin cubrir– al lado de un auto blindado soviético BA-6. (Archivo Histórico de Euskadi).

Página siguiente, abajo. Las ruinas de Legutio-Villarreal de Álava, muestra de la dureza de la batalla. (Col. Aitor Miñambres Amezaga).

El 10 de diciembre de 1936 se reanudaron las obras del Cinturón Defensivo de Bilbao, aunque con menos de una cuarta parte del contingente humano inicialmente empleado. (Erri).

Este parón duró del 12 al 24 de noviembre, fecha esta última en que los trabajos fueron reanudados, para lo cual se envió la siguiente instrucción al Decano-Presidente del Colegio de Arquitectos el día 21:

Ordenado por el alto mando militar la reanudación de los trabajos de atrincheramiento, que por altas razones fueron suspendidos sin aviso previo, ruego a usted indique a los técnicos de ese Colegio que venían dirigiéndolos, que aquella reanudación se hará el día 24 del actual, martes. Lo que comunico a usted para su conocimiento»

Así, comenzaron de nuevo los trabajos, tras ser reorganizado el personal técnico administrativo y ser ampliadas algunas secciones, con lo que el número de obreros se incrementó hasta los 13 289. Esta situación se mantuvo por unos días, hasta que el día 4 de diciembre, viernes, Goicoechea envió a los jefes de sector la orden circular siguiente:

El alto mando militar ha ordenado que en ese sector de obra, se guarde fiesta el próximo domingo y todos los domingos sucesivos. A partir del lunes día 7 del actual solamente trabaja-

rán en ese sector 100 hombres procurando que no queden más que cinco menores entre los 100. Con estos 100 hombres quedará el Inspector, un listero y el almacenero, un jefe técnico y un ayudante, que efectuarán los trabajos ya comenzados y seguirán ejecutando todo el resto de obra que falte. Se procurará que estos obreros radiquen en los alrededores donde se halla enclavada la obra. Si hubiere encargados o contratistas, quedarán como máximo tres, siendo despedidos los capataces y jefes de grupo. Lo que le comunico a usted para su conocimiento.

Las obras del Sector de El Gallo, en Galdakao, emplearon 600 trabajadores civiles. En la imagen podemos ver a los cocineros encargados de elaborar el rancho, consistente habitualmente en un cocido de garbanzos o arroz. (Erri).

Esta restructuración podría parecer lógica, ya que simplificaba la gestión de los trabajos en unas fechas en que la amenaza parecía lejana, dado que la iniciativa del ejército nacional se centraba en la toma de Madrid. La medida además liberaba a personal en edad militar para lo que dispusiese el mando y eliminaba costes de transporte al utilizar mano de obra local. Sin embargo, no era esta la percepción de Montaud, quien en aquellos momentos estaba ocupado, como jefe de Estado Mayor del Cuerpo de Ejército de Euzkadi, en los pormenores de la batalla de Legutio-Villarreal, quien más tarde diría que:

Hay que hacer observar que el «alto mando militar» al que se alude, tuvo siempre de estas órdenes un conocimiento posterior a la publicación de ellas lo que, además, era natural puesto que no eran de su particular incumbencia, interviniendo esporádicamente el Jefe de E. M. del Cuartel General [es decir, el propio Montaud] a requerimiento particular del Ingeniero Comandante [es decir, Goicoechea] para la debida inspección como tal Jefe de E. M.

Estas declaraciones, aparentemente ambiguas, con-

Personal de Intendencia de las brigadas de fortificación de El Gallo. (Erri).

firman que aunque Goicoechea ya no dependía directamente de Montaud, contaba con él para la supervisión de las obras, supervisión que, por otra parte, Montaud no llevaba a cabo apenas, debido a sus múltiples ocupaciones. No obstante, Montaud, como jefe de Estado Mayor, era crítico con la disminución de efectivos para la construcción del Cinturón, aunque no ejerció su autoridad para ponerle remedio, tal vez consciente de que había otros poderes interesados en construir fortificaciones a vanguardia, en segunda línea del frente, absorbiendo recursos inicialmente destinados al Cinturón.

La reducción de plantilla se llevó a cabo y los recortes afectaron incluso al personal sanitario:

> A partir del día 10 del actual, en las obras de fortificación del sector de Bilbao, solamente se han dejado 2500 hombres de los 12 000 que venían trabajando, por lo que ruego a V. E. de las órdenes oportunas para que se supriman los practicantes y ayudantes (…) en los distintitos sectores de obra. Ahora bien, es necesario el envío de material de curas urgente[7].

Meses más tarde, tras su paso al campo sublevado, Goicoechea declararía que *«recomenzar la obra con sólo 2000 hombres de los 14 000 con que se comenzó, ha dado el resultado final perseguido (…) de servir la Causa Nacional»*, con lo que el ingenie-

Trincheras en el monte Maroto (864 m), situado en la línea del frente y lugar por donde el capitán Goicoechea se pasó a las filas nacionales el 27 de febrero de 1937. (I. Ojanguren, Gure Gipuzkoa).

7.- AHE, Fondo Carlos Blasco, Documentos, C12/07, 1 FOL. Montaud, Loc. cit.

ro se arrogaba el mérito, real o pretendido, de haber boicoteado todo lo posible el proyecto.

Así, durante los meses siguientes, la obra empleó a unos 2550 hombres, encuadrados en las brigadas civiles y distribuidos así: Sector Barrika-Urduliz (750); Sector Artebakarra (300); Sector El Gallo (600); Sector Miravalles (350); Sector Sodupe (350); y Sector Zierbena-Galdames (200).

LA DESERCIÓN DE GOICOECHEA

En febrero de 1937, cuando los diversos intentos del Ejército nacional para tomar Madrid fracasaban, el capitán Goicoechea, ya en contacto con personas de Vizcaya favorables a los sublevados, preparaba su evasión al campo enemigo.

Ciertamente, su lealtad estaba un tanto en entredicho. Goicoechea, capitán de Ingenieros, había abandonado el Ejército en 1923 para dedicarse a la ingeniería ferroviaria como empleado directivo de la Compañía de Ferrocarriles de la Robla, destinado en Balmaseda. Tras el inicio de la Guerra Civil se había prestado a colaborar con los nacionalistas vascos en la instrucción de sus milicias de gudaris, para finalmente ser destinado, a petición propia, al departamento de Fortificaciones. A finales de noviembre de 1936, fue considerado persona desleal por los comunistas

Alejandro Goicoechea en una foto de 1924, en Balmaseda, con ocasión del 30 aniversario del ferrocarril de La Robla. El ingeniero está subido en la locomotora, acompañando al Consejo Directivo de la compañía. (Col. José Antonio Torcida del blog Fotografía Antigua de Cantabria).

y despedido de su puesto de trabajo ferroviario, mas admitido días después, se entiende que tras recibirse alegaciones en sentido contrario y la protección de sus valedores. Así, el lehendakari Aguirre, el 11 de febrero, aceptaba su reingreso en la escala activa del Ejército como capitán. Aguirre, a pesar de ser avisado por fuentes fidedignas policiales de las sospechas, cada vez mayores, de deslealtad del ingeniero, creyó las disculpas de este último y siguió confiando en él.

El desenmascaramiento final de Goicoechea solo era cuestión de tiempo y, tras recibir la señal convenida desde el mando rebelde, desertó el 27 de febrero de 1937, pasándose a los nacionales por el frente de Álava, desde el monte Maroto, en la sierra de Arlaban, acompañado de dos personas más. Esa misma noche, a las 22 horas, prestaba declaración en calidad de evadido ante la 2ª Sección del Estado Mayor de la Sexta División del Ejército del Norte nacional. La recogida de información tuvo lugar en Venta Barri, establecimiento equidistante entre las poblaciones alavesas de Landa y Uribarri-Ganboa. El lugar, actualmente sumergido en el embalse construido con posterioridad a la Guerra, formaba parte del dispositivo de mando del sector.

El poblado de Landa, al pie de la sierra de Arlaban y en manos del Ejército franquista, lugar hasta donde arribó el ingeniero fugado. En la imagen, la iglesia de San Bartolomé, hoy en día desaparecida bajo las aguas del embalse. (Archivo del Territorio Histórico de Álava).

Durante esa primera y fresca declaración, Goicoechea especificó la situación, guarnición y características de las defensas vascas de la línea del frente en Guipúzcoa y Álava. En fecha posterior, 16 de marzo, amplió notable y detalladamente esa información, además de emitir su *Informe sobre el campo atrincherado de la plaza de Bilbao*. Este documento[8], de capital importancia para el mando franquista, contenía toda la información concerniente al Cinturón Defensivo de Bilbao, anunciando que «*la obra realizada no reúne condiciones por deliberado propósito del informante*». En concreto, se exponía: el trazado de la obra con sus defectos en cuanto al aprovechamiento de la orografía; la tipología de las fortificaciones, tales como trincheras, alambradas, nidos de ametralladora, abrigos y observatorios, los materiales empleados en la construcción de las mismas y su valor defensivo; y el grado de implantación o construcción de

8.- AGMAV, C.2585, 28 / 1-4. Loc. cit.

la obra en el momento de su defección, estimando haberse llevado a cabo solo el 40 % del conjunto proyectado y explicando la dificultad de los defensores para concluir con éxito la obra:

Las posibilidades de una construcción violenta y acelerada son ahora muy reducidas porque la escasez de carbón impide la construcción de acero para herramientas y con ello imposibilita el encuadre de grandes masas de obreros en dicha obra.

Pero la gran aportación de Goicoechea, fue, sin duda, el haber dejado a propósito tres pequeñas zonas sin ninguna fortificación, para hacer más fácil la entrada de los nacionales en Bilbao:

Estado de ejecución de la obra del Cinturón declarado por Goicoechea tras su deserción. Seguramente, su gran aportación fue la preparación de tres estrechas zonas sin fortificar o portillos, para hacer más fácil la rotura de la línea defensiva (Archivo General Militar de Ávila).

La obra total ordenada se señala en las hojas correspondientes del mapa topográfico de Vizcaya, en rojo la parte construida y en azul la que de propio intento se ha dejado de construir hasta el momento (...). Me permito indicar al Mando con todo respeto y por lo que a la fortificación se refiere que conceptúo el momento actual como el más propicio para obtener un triunfo decisivo y eludir un sitio muy prolongado de Bilbao, ya que al demorarse el ataque y dar tiempo (mínimo un mes) para cerrar las tres puertas preparadas por el informante y que van señaladas en el plano, las destrucciones obligadas de grandes riquezas y la pérdida de la vida de miles de combatientes serían difíciles de evitar.

Estas zonas estaban situadas en Ganekogorta (2º Sector), Upo (3º Sector) y Gaztelumendi-Urrusti (5º Sector). Frente a este último portillo, se encuentran:

...en el día de hoy las crestas del Bizcargui sin fortificación de ninguna especie [aunque] ha sido notada por el Estado Mayor del campo rojo y el informante ha recibido recientemente órdenes de fortificación en ese punto dominante del proyectado cinturón, pero puedo asegurar que a mi salida del campo rojo ni siquiera se ha preparado nada que a ese resultado pueda conducir.

Por ese punto tendría lugar la rotura del Cinturón meses después.

El monte Bizkargi (555 m), levemente fortificado por los defensores de Bilbao con posterioridad a la fuga de Goicoechea. (I. Ojanguren, Gure Gipuzkoa).

35

DIFICULTAD PARA LA RECLUTA DE TRABAJADORES

(Extracto de la carta del jefe de operaciones del Cuerpo de Ejército de Euzkadi, comandante de Infantería Modesto Arambarri, al consejero de Defensa del Gobierno vasco, José Antonio Aguirre, de 19 de marzo de 1937*)

Excmo. Sr.: (…)

Como incidentalmente he abordado el tema de las fortificaciones, he de manifestarle también que en conversación telefónica mantenida anoche con el ingeniero Sr. Aguirre, éste me hizo ver las dificultades con que tropieza para la recluta de trabajadores con destino a las mismas, indicándome como una fórmula el que los batallones que se encuentran sin armas puedan realizar dichos trabajos. En principio la fórmula es aceptable si no fuera por la animadversión que tienen los batallones a los trabajos de fortificación aun en sus propios frentes, que poco a poco y a fuerza de constancia se va venciendo, sino por la mayor aun que tienen a los hombres de retaguardia, puesto que casi todos los componentes de los batallones sin excepción, cuando se trata de hacerles trabajar con intensidad manifiestan que mejor harían en trabajar las gentes que por Bilbao se pasean.

Desde luego y someramente me permito tratar este tema por creerlo de imprescindible necesidad, puesto que es la retaguardia la que gana la guerra y tiene que haber una gran armonía entre ésta y el frente si no se quiere hacer peligrar la victoria. Y como quiera que en todo lo que afecta a la guerra tengo el deber de dar mi leal opinión, es por lo que me extiendo en estas consideraciones.

El hecho en sí es que el miliciano odia profundamente a la gente de retaguardia y esto acaso tenga su explicación, pues es el caso que cuando van a disfrutar de un merecido descanso se encuentran con que los cafés están llenos, los cines abarrotados y con que la poca cerveza que existe se la beben otros que la merecen menos, y esto provoca en su ánimo una sorda irritación que incluso puede derivar en hechos desagradables.

Comitiva encabezada por el presidente Aguirre y el comandante Arambarri durante una visita a la plaza de Elorrio, cercana al frente, el 12 de marzo de 1937. El militar informó a su superior de la necesidad de enviar personal movilizado a trabajar a las obras de fortificación (Archivo Histórico de Euskadi).

En todas las guerras que han existido la retaguardia ha animado al combatiente. Para él ha sido el mejor lugar y para él han sido las atenciones. En ésta no ocurre así. Y como quiera que entiendo que todos los hombres de 18 a 45 años se encuentran movilizados y que los batallones no van a querer trabajar o lo van a hacer a disgusto en fortificaciones de fuera de su sector, estimo que no hay más solución, como ya he indicado a V.E. en varias ocasiones, que recoger individuos físicamente útiles entre los movilizados y llevarlos a trabajar a las fortificaciones. No hay uno solo de ellos que no pueda ir calzado y vestido por su cuenta. Y esta solución o la que se dé hay que ponerla en práctica inmediatamente, ya que este problema se está tratando hace meses sin que se haya remediado, y desde que nos amenazaron con un ataque inminente y se intentó a toda prisa hacer las fortificaciones hasta el día de hoy no se ha realizado nada y llevamos 15 días con este pleito, por lo que quiere el suscrito dejar a salvo la gravísima responsabilidad en que podamos incurrir , haciendo por escrito estas consideraciones tantas veces expuestas a V.E. de palabra. (…)

Yurre, 19 de marzo de 1937

* AHE, Fondo Gobierno vasco, Defensa, Secretaría General, 508, 02

Todo indica que, para finales de febrero de 1937, los vascos ya tenían información del inminente ataque del Ejército franquista a Vizcaya. Según las anotaciones del general Dávila, jefe del Estado Mayor de Franco:

> El 20 de febrero el general Mola reúne en la Academia de Caballería de Valladolid al general Solchaga y su jefe de Estado Mayor, el coronel Juan Vigón: –¿Están ustedes dispuestos a operar sobre Bilbao? (…)

Poniendo a su disposición inicialmente cuatro brigadas de Navarra, una brigada mixta de italianos y españoles, artillería y aviación:

> … tendrán ustedes eso y mucho más de lo que piden. Bueno, miren ustedes que si después de todo lo que he dicho a Franco me dejan mal… (Dávila, 2021).

Ello explicaría que, poco antes de la huida de Goicoechea, se hubiera querido reforzar la línea del frente, construyendo además una segunda línea tras la línea principal. Esta solución, preferida por el Estado Mayor del Norte, pugnaba con la visión de Montaud de centrarse en la construcción del Cinturón, pues, como se explica más adelante, se trataba de decidir si destinar la mayoría de los recursos a defender Vizcaya en su límite con las provincias vecinas o a defender Bilbao en su perímetro próximo. Escuchadas las razones en ambos sentidos, el lehendakari Aguirre apostó por fortificar tanto el frente exterior como la retaguardia, a pesar de la dificultad existente entonces para obtener los recursos materiales y humanos necesarios. Dado que Goicoechea era el responsable de todas las obras de fortificación, recibió las órdenes oportunas:

... dispuesto por el estado mayor rojo se inició ya en octubre una segunda línea (...), pero a pesar del tiempo transcurrido esta obra pude evitarla y ha sido en estos últimos días cuando se ha querido imprimir un ritmo acelerado a esta obra y efectivamente allí se han concentrado elementos que estarán actualmente, suponemos, en plena actividad.

Para Montaud, eso era un error:

Antes de empezar la ofensiva enemiga (...) aparece la idea del empleo a vanguardia de las brigadas de obreros civiles a los que se ve trabajar tardíamente en aquella segunda línea cuya propuesta había considerado conveniente rechazar la superioridad [el propio Montaud] mucho tiempo antes. Y abandonan los trabajos del cinturón masas de trabajadores que se dedican a organizar una paralela por Oqueta, Monte Central [Gorbea], Tantobaikar, Tellamendi, Memaya, Santa Marinazar, Azconabieta, monte Galdaramiño, Urco, Maquizburu, Zapola, Iturmendi, etc., línea que en el momento de la prueba [el ataque franquista] había de encontrarse inacabada y ser inútil.

Esto indica que fue Montaud quien, en desacuerdo con la idea de construir una segunda línea en vanguardia, impidió su ejecución en octubre, mientras que Goicoechea, de cara a los nacionales, se arrogó posteriormente, y como iniciativa propia, el haber evitado la construcción. De cualquier manera, no cabe considerar como cierto el que los trabajadores del Cinturón dejaran sus quehaceres para irse a fortificar a primera línea, ya que el número reducido de 2550 hombres asignados desde diciembre al total de los distintos sectores, permaneció inalterable hasta el mes de abril. Aun así, no cabe duda de que, a los ojos de Montaud, los obreros reclutados para fortificar en vanguardia podrían haberse empleado en terminar el Cinturón. No obstante, para esas fechas, cada vez era más difícil encontrar voluntarios para realizar el ingrato trabajo manual de fortificar. Por su parte, los gudaris y milicianos vascos rechazaban, así mismo, ejecutar esas labores, como se recoge en los documentos de época, pero, aun así, a lo largo de mes de marzo se lograron importantes avances en el grado de fortalecimiento de la línea del frente, aunque no tanto en la del Cinturón.

Dos civiles dedicados a la fortificación de Bilbao, uno portando el pico y otro la pala, herramientas básicas para la excavación de trincheras. El departamento de Fortificaciones encontró dificultad para la recluta de trabajadores. (Erri).

EL CLIMA PREVIO A LA TORMENTA

El ingeniero de caminos de la Diputación Foral de Vizcaya, Vicente Aguirre –a la derecha, con breeches y la cabeza descubierta–, designado para la jefatura de las obras del Cinturón, se esforzó en la medida de lo posible por sacar adelante el proyecto. (Cortesía de Mónica Aguirre).

Con Goicoechea desaparecía el último militar profesional disponible en el departamento para hacerse cargo de la construcción de las fortificaciones que debieran proteger Vizcaya en caso de que la ofensiva enemiga se iniciase. Sin pérdida de tiempo, el jefe de Transmisiones, comandante de Ingenieros Salvador Gómez Bullón, fue destinado a tomar las riendas del departamento, continuando a las órdenes del jefe de la 4ª Sección de Estado Mayor, comandante Ernesto Lafuente. Por su parte, el ingeniero de caminos de la Diputación Foral de Vizcaya, Vicente Aguirre, fue designado para la jefatura de las obras del Cinturón. Este se esforzó todo lo que pudo para poner al día las obras pendientes y mejorar aquellas defensas construidas de manera deficiente por el personal civil. A ese respecto, el propio Vicente Aguirre era un hombre sin experiencia previa en lo que a construcciones defensivas militares se refiere, al igual que el resto de titulados superiores civiles adscritos a la dirección de la obra en los diversos sectores.

RELACIÓN DE JEFES DE SECTORES DEL CINTURÓN DE BILBAO EN ABRIL DE 1937*

SECTORES – Inicialmente subsectores	HORMIGONEROS	JEFES TÉCNICOS
Sector de Barrica	Sr. Ormaeche	Sr. Gorostiaga
Sector de Urduliz	Sr. Panera	Sr. Gorostiaga
Sector de Berango	Sr. Anacabe	Sr. Gorostiaga
Sector de Pozozabale	Sr. Subiñas	Sr. Alonso, Julio
Sector de Umbe	Sres. Gamboa y Domingo	Sr. Azarlosa
Sector de Lujua	Sr. Ardanza	Sr. Urizarbarrena
Sector de Gatika	Sr. Ardanza	Sr. Torralba
Sector de Artebakarra		Sr. Rivet
Sector de Gamiz		Sres. O. de Zárate y Beraza
Sector de Gaztelumendi – Cra. Lezama Larrabezua	Sr. Anduiza	Sr. Imatz
Sector de Cra. Lezama Larrabezua – Camino forestal	Sr. Oribe	Sr. Arguinzoniz
Sector de Camino forestal – Alto	Gamboa Hnos.	Sr. Ormaeche
Erleches. Sector de Alto Erleches- El Gallo	Sres. Lazkano	Sr. Uribe
Sector de El Gallo - Usansolo	Obras Con	Sr. Perea
Sector de Usansolo - Upo	Sr. Makazaga	Sr. Aguiriano
Sector de Upo – Zollo - Miravalles	Sr. Marquijana	Sr. Ortiz de Urbina
Sector de Sodupe		Sr. Urruticoechea
Sector de Kamaraka		Sr. Estefanía
Sector de Ciérvana		Sr. Merino

*AHE, Fondo Gobierno vasco Defensa, Fortificaciones, 499.25, 00769

Esta falta de conocimientos militares y de saber dirigir al personal obrero de manera castrense, para sacar su máximo rendimiento, irritaba al recién ascendido teniente coronel Montaud. En su informe al presidente Aguirre, redactado durante la ofensiva del general Mola, lamenta que los jefes técnicos de los sectores del Cinturón sean civiles con mentalidad civil:

Hay un hecho inevitable y trascendental en la cuestión de los técnicos: la falta absoluta de profesionales, de ingenieros militares indispensables para la debida división del trabajo, de modo que éste respondiese armónicamente a los principios básicos de la fortificación con la necesaria unidad de doctrina.

Montaud justificaba que :

Hubo que echar mano de profesionales con profesión más o menos similar a la de los que faltaban irremediablemente.

Para seguido criticar que:

Estos técnicos, independientemente de su común ignorancia absoluta sobre lo que es en el fondo la fortificación, tenían (…) un estilo propio (…) deformaciones profesionales, coincidiendo todos ellos en la carencia de sentido militar.

Montaud culpaba a estos técnicos civiles de cometer errores de ejecución en las obras militares y, lo que resulta más asombroso, señalaba a los capitanes Murga y Goicoechea como personas esforzadas en subsanar tales fallos, que para él eran la causa de los retrasos:

La enorme extensión del frente y la necesidad de corregir y remediar tanto defecto por solo dos Ingenieros militares (…) causaron el retraso en unos puntos y el forzado aprovechamiento en otros de obras defectuosas, aunque no desechables. La lucha con errores persistentes y el forcejeo contra reincidencias involuntarias, pero difícilmente corregibles, robaba un tiempo precioso para la rapidez propuesta por los directores.

El comandante de Ingenieros Salvador Gómez Bullón, nuevo jefe de Fortificaciones de la 4ª Sección de Estado Mayor de Euzkadi. Hasta entonces, había ejercido la jefatura de Transmisiones en la misma sección. (Archivo Histórico de Euskadi).

Cabe recordar en este punto que, para la fecha que nos ocupa, a nadie ya le cabía duda de que tanto Murga como Goicoechea no solo eran personas favorables a los sublevados, dicho por ellos mismos, sino que además habían intentado de manera consciente boicotear la obra, retrasarla e informar al Mando nacional de todo lo concerniente a la misma. Por último, el teniente coronel de Ingenieros califica a los técnicos civiles como:

… carentes de autoridad, porque carecían patentemente de conocimiento del asunto y, obrando bajo presiones y con mentalidad creada ya irremediablemente por el ambiente anterior de su actividad civil, no podían impulsar las obras como era obligado y dejaban al obrero abandonarse a la humana predisposición hacia el mínimo esfuerzo…

Para concluir con que:

… algunos de ellos iban aprovechando circunstancias para pasarse al enemigo.

Si bien las defecciones más sonadas fueron las de Murga y Goicoechea, no cabe duda de que no se trataba de las únicas personas desleales a la defensa de Vizcaya que participaban en la magna obra. Así, tras una investigación de la Dirección General de Seguridad del Gobierno de Euzkadi, el 19 de marzo fue cesado y enviado a servir en el Ejército como soldado raso el ingeniero de minas Juan María Gondra, responsable de la construcción del Cinturón en Lauro y persona que no se recataba de mostrar en público su confianza en el triunfo de los rebeldes. Igual suerte le cupo al ingeniero agrónomo Bernardo Mesanza, responsable de la obra en Gamiz-Fika y amigo personal del anterior. Mesanza, décadas más tarde y a su paso en automóvil por Fika, declararía a su hijo Mikel:

> ... aquí estuve yo dirigiendo la construcción de las trincheras a las órdenes del traidor Goicoechea.

Es posible que bien Murga o bien el capitán fugado eligiesen con anterioridad a alguno de sus colaboradores entre personas favorables a la causa sublevada, como Gondra. También es posible que, en el caso de Mesanza, católico y políticamente no significado, su amistad con el anterior le costase el cese. Precisamente, el punto más débil del sector estaba allí, frente a Fika, entre los montes Gaztelumendi y Urrusti, un segmento del Cinturón con ausencia absoluta de fortificaciones, dejado a propósito por Goicoechea antes de su fuga. Con la salida de Mesanza y, a pesar de la llegada de nuevos técnicos directivos al subsector, la zona indefensa no fue detectada, o, si lo fue, se mantuvo sin fortificar durante semanas. Por ese portillo, de unos tres kilómetros, quedaría a merced del atacante el Cinturón y, por tanto, la ciudad de Bilbao.

Bernardo Mesanza -segundo por la izquierda, con la cabeza sin cubrir- en Lezama, en febrero de 1937. Era el único ingeniero agrónomo asignado a la construcción del Cinturón y fue responsable de la obra en el Sector de Gamiz-Fika hasta marzo de 1937 (Cortesía de la Familia Mesanza).

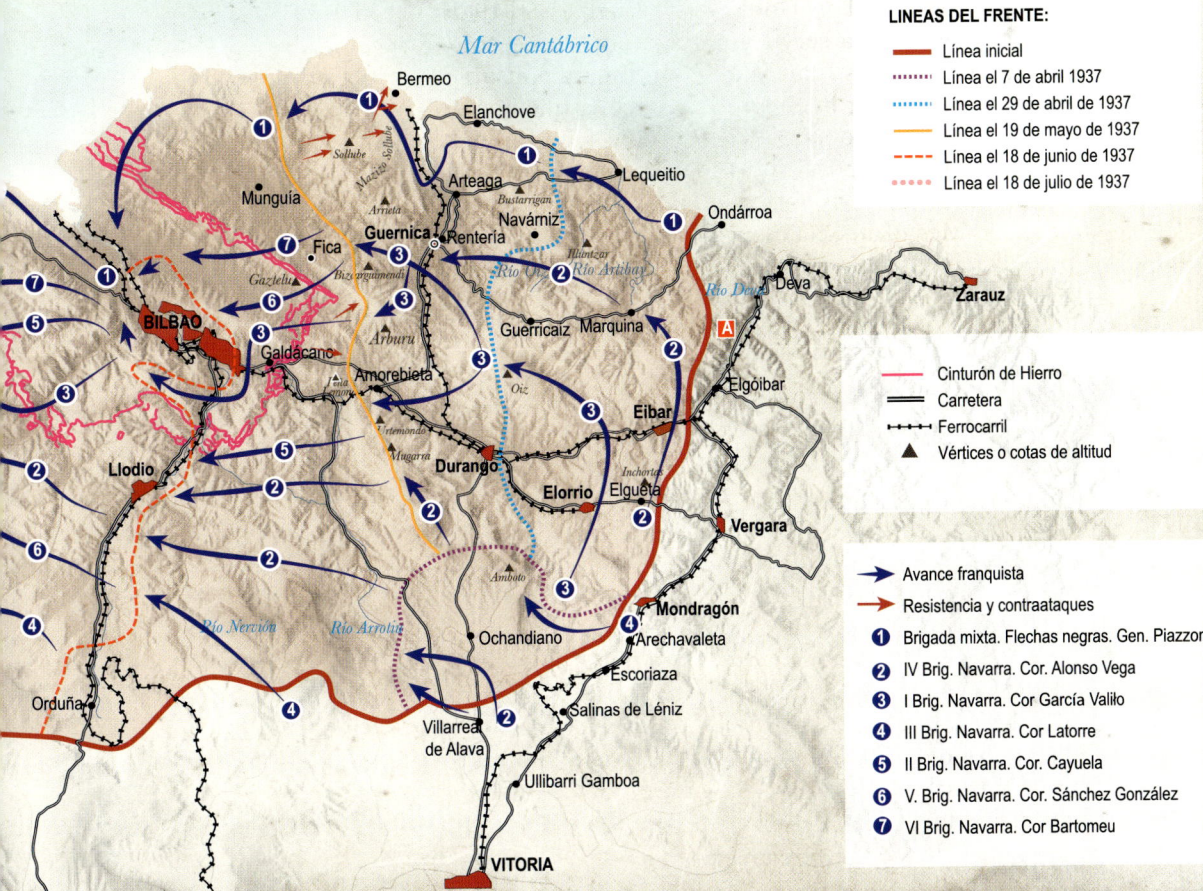

LINEAS DEL FRENTE:

— Línea inicial
······· Línea el 7 de abril 1937
······· Línea el 29 de abril de 1937
— Línea el 19 de mayo de 1937
– – – Línea el 18 de junio de 1937
······· Línea el 18 de julio de 1937

— Cinturón de Hierro
═══ Carretera
┼┼┼┼┼ Ferrocarril
▲ Vértices o cotas de altitud

➤ Avance franquista
➤ Resistencia y contraataques
❶ Brigada mixta. Flechas negras. Gen. Piazzoni
❷ IV Brig. Navarra. Cor. Alonso Vega
❸ I Brig. Navarra. Cor García Valiño
❹ III Brig. Navarra. Cor Latorre
❺ II Brig. Navarra. Cor. Cayuela
❻ V. Brig. Navarra. Cor. Sánchez González
❼ VI Brig. Navarra. Cor Bartomeu

CRONOLOGÍA DE LA OFENSIVA CONTRA VIZCAYA
(PRIMAVERA DE 1937)

A finales de marzo de 1937, ante la imposibilidad de tomar Madrid y acabar rápidamente la guerra, el general Franco decidía liquidar el Frente Norte, comenzando por Vizcaya. El general Mola fue la persona designada para llevar adelante la campaña, esperando tomar Bilbao en tres semanas, lo que finalmente se prolongarías hasta casi tres meses.

La fecha elegida para el comienzo de la ofensiva fue el 31 de marzo de 1937, sobre el frente de Álava, combinada con bombardeos sobre la retaguardia cercana. En esa fecha, el frente vasco fue roto por Legutio-Villarreal, con el empleo de todo el potencial artillero y aéreo acumulado por los atacantes. Fueron bombardeadas las poblaciones de Otxandio (Ochandiano), Elorrio y Elgeta. Especialmente duro fue el bombardeo de Durango. Esta primera fase duró una semana e intervinieron las IV, I y III Brigadas de Navarra en dirección suroeste. Fueron ocupadas Otxandio y Ubide. También el Gorbea, aunque después fue reconquistado. Finalmente, los puertos de Barazar, Zumeltza y Urkiola quedaron en poder del Ejército franquista. En fechas posteriores, entre los días 7 y 14 de abril, tendrían lugar sucesivos contraataques gubernamentales para recuperar el monte Saibigain, cuya cumbre cambió de manos varias veces y quedó definitivamente en poder de los nacionales el 15 de abril.

La segunda fase de la ofensiva tuvo lugar durante las siguientes semanas. Por una parte, la I Brigada de Navarra ocupó el valle de Aramaio, rebasó Peña Udala y conquistó Elorrio. Por su parte, la IV Brigada, desde el día 20, atacó insistentemente la línea Kanpanzar–Elgeta, fracasando en Intxorta repetidamente. La maniobra sobre Elorrio supuso el envolvimiento de la línea Udala–Kanpanzar–Intxorta, cuyas defensas hubieron de ser abandonadas para evitar el copo. Así, las tropas franquistas ocuparon Elgeta el 24 de abril y el frente de Guipúzcoa se derrumbó, cayendo Eibar el día 26.

Aun así, el avance del ejército rebelde fue muy lento sobre lo planeado. Si bien contaban con lo accidentado del terreno y la climatología adversa, no habían previsto la resistencia gubernamental. A tal efecto, aumentaron los efectivos atacantes en artillería e infantería y fueron bombardeadas las poblaciones de retaguardia para forzar la rendición. Por su parte, el presidente Aguirre reorganizó las fuerzas vascas como Ejército Regular de Euzkadi, en base a cuatro divisiones (luego cinco) de infantería, formadas por brigadas y, estas a su vez, por batallones. Aguirre solicitó al Gobierno de la República un nuevo general y aviación, asumiendo temporalmente el mando de las tropas.

Por su parte, las brigadas de Navarra aprovecharon toda oportunidad para explotar su éxito. Avanzaron sobre Markina, tomándola el 27 de abril, y el 28 conquistaron el monte Oiz. Así, tras duros combates, Durango también caía en manos de los nacionales. La Brigada Mixta Flechas Negras, desde Ondarroa, tomaba Lekeitio. El día 29, caía Gernika, donde confluyeron españoles e italianos ante la villa en ruinas, bombardeada el pasado 26. El 30 de abril se produjo un duro contraataque republicano sobre Gernika, sin éxito. Ese mismo día, sin esperar órdenes, los Flechas Negras avanzaron por el río Oka hasta Bermeo. Al siguiente día, el 1 de mayo, las tropas italianas eran atacadas desde Truende y el día 2 la carretera quedaba cortada por los vascos. Mola envió a la V Brigada navarra que rompió el cerco entre los días 3 y 4.

Del 6 al 8 de mayo, los franquistas atacaban y envolvían el monte Sollube, no sin gran apoyo aéreo y resistencia gubernamental. El 8 también alcanzaban Truende y cortaban la carretera a Mungia. Los días 9 y 10 las fuerzas de Euzkadi contraatacaron con furia. Los 11, 12 y 13 la V Brigada Navarra intentó avanzar, siendo otra vez rechazada. Finalmente, el 14, ocupó todo el macizo. Mientras tanto,

El pueblo de Elgeta, totalmente destruido, en el momento de su toma por los nacionales. La campaña de Vizcaya se caracterizó por el lento avance de los atacantes a través una orografía accidentada, la dura resistencia de los defensores, y el intenso empleo del arma aérea por parte de los primeros (F. Marín, Kutxateka).

por su parte, los Flechas Negras tomaban el 8 de mayo la batería de cabo Matxitxako, destruida en la retirada. Dos días después, el 10, ocupaban y rebasaban Bakio. El día 14, los italianos se hicieron con el monte Tollu. Mientras, infernales bombardeos se cernían sobre el monte Jata, que cayó el 19. La V Brigada navarra alcanzó Larrauri, a solo un kilómetro de Mungia.

Más al interior, los franquistas consiguieron uno de sus mayores éxitos. El día 11 de mayo, por sorpresa, conquistaron el monte Bizkargi, de importancia estratégica enorme contra el Cinturón. Los ataques para recuperarlo fueron desesperados por parte de los vascos, empleando toda su artillería y tropa disponible. Desde el 11 al 15 se dieron más de veinte intentos sin éxito. Finalmente, el 29 de mayo, los franquistas rectificaban su línea con la toma de Amorebieta, en ruinas, y la ocupación de Peña Lemona, espolón clave a sólo 13 km de Bilbao.

Entre tanto, el 3 de junio, moría el general Mola en accidente aéreo, siendo sustituido por el general Dávila. El mismo 3 de junio, la 6ª Brigada vasca recuperaba aquella cota, pero el día 5 queda definitivamente en manos nacionales.

Dueño del monte Bizkargi, desde donde se domina el punto más débil del Cinturón señalado por el capitán Goicoechea tras su defección, el ejército de Franco tomaba el 11 de junio el monte Urkulu. Los contraataques vascos no surtieron efecto y, el 12 de junio, 180 piezas de artillería, 110 aviones y 12 000 soldados franquistas rompieron el Cinturón entre los montes Gaztelumendi y Urrusti.

El camino hacia Bilbao estaba abierto y se hacía necesario retrasar al máximo la entrada de los nacionales. Durante una semana los batallones vascos resistieron en Artxanda. Por otra parte, las tropas italianas tomaban Mungía y avanzaban por la costa hasta Getxo, donde encontraron el puente volado. Finalmente, los atacantes consiguieron cerrar el cerco a Bilbao al ocupar los montes Malmasin y Pagasarri. Para entonces, unas 200 000 personas habían conseguido ser evacuadas.

Finalmente, los franquistas entraron en Bilbao el 19 de junio de 1937.

El general Mola –con gabardina–, jefe del Ejército del Norte nacional, en su avance por el País Vasco. Perdería la vida el 3 de junio de 1937, a pocas fechas de ver consumado su objetivo de tomar Bilbao (F. Marín, Kutxateka).

COMIENZA LA OFENSIVA CONTRA VIZCAYA

El 29 de marzo se estableció la orden de operaciones sobre Vizcaya. En la primera embestida intervendrían las I, III y IV Brigadas de Navarra, más dos masas artilleras de 22 y 11 baterías respectivamente, así como numerosos aviones de caza y de bombardeo. Para el general Dávila, *«la idea de maniobra era romper el frente enemigo en el Macizo Albertia y avanzar sobre Ochandiano envolviendo la segunda línea enemiga por el sector de Mecoleta. Después, ocupar los puertos de Barazar, Zumeltu y Urkiola».* Así, las operaciones se iniciaron el 31 de marzo bajo el mando del general Mola, jefe del Ejército del Norte nacional, quien, a pesar de la dureza del terreno y de la resistencia presentada por los defensores, consiguió alcanzar sus objetivos iniciales.

Comenzada la ofensiva, en Bilbao se reveló la necesidad de contar con el mayor número de recursos humanos destinados a la fortificación y que no hubieran sido movilizados por el Ejército. El día 8 de abril, el Departamento de Defensa del Gobierno vasco hizo un llamamiento:

> ... a todos los hombres aptos que no se hallen en la actualidad prestando algún servicio útil, para que se alisten (…) al objeto de encuadrarles en unidades que se destinarán a trabajos de defensa del país[9].

Este alistamiento, de obligado cumplimiento, podían hacerlo en las oficinas de los partidos o sindicatos a los que estos hombres pertenecieran o de los que fueran simpatizantes, en los departamentos del Gobierno o en los ayuntamientos de su lugar de residencia. Además,

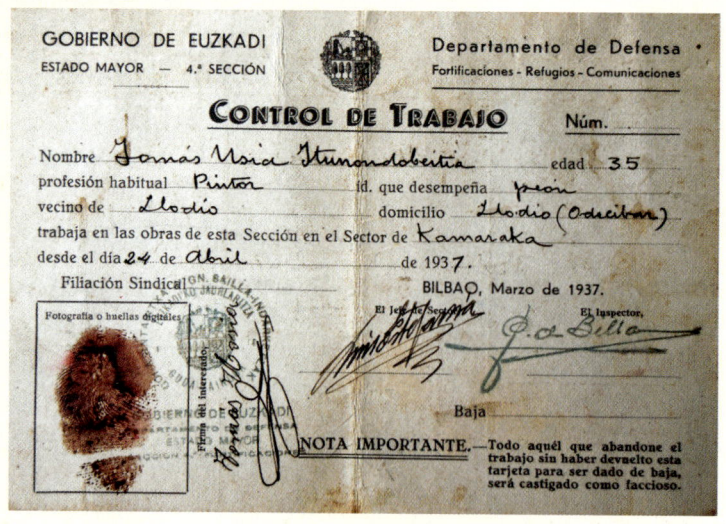

Tarjeta de control de trabajo a nombre de Tomás Uria, vecino de Llodio de 35 años y trabajador adscrito al departamento de Fortificaciones de la 4ª Sección de Estado Mayor. (Cortesía de la Familia Uria).

9.- DOPV, 09-04-1937.

¡El que no trabaje...!

¡Pues no hay más remedio que hincar el pico!

La movilización obligatoria de hombres inactivos pero útiles para las obras de fortificación supuso la incorporación de unas 10 000 personas, pese a la poca disposición para el trabajo de algunas de ellas. (Erri).

... para impulsar, organizar y señalar el destino de estas unidades de acuerdo con el mando del Ejército, se constituye una Comisión Ordenadora del Trabajo de Defensa del País.

Esta última estaba integrada por representantes de los departamentos del Gobierno, asesores delegados de los organismos políticos y sindicales, y un representante de la sección de Fortificaciones del Departamento de Defensa.

De acuerdo a esta Comisión ordenadora, el 11 de abril, el consejero de Gobernación, Telesforo Monzón, ordenó que:

... vista la necesidad de controlar perfectamente la retaguardia (...) todos los ciudadanos comprendidos entre los dieciocho y cuarenta y cinco años, deberán hacer constar al dorso de la tarjeta de control militar el lugar donde trabajen actualmente[10].

Estas tarjetas de control militar debían ir firmadas por el representante de la empresa contratante y por los sindicatos o partidos avalistas, a fin de evitar fraudes por parte de aquellas personas que quisiesen evitar el trabajo.

Mientras la ofensiva del general Mola se desarrollaba en el Este de Vizcaya, Aguirre, como consejero de Defensa, el 26 de abril de 1937, decretaba la creación del Ejército regular de Euzkadi:

La eficacia del mando único no puede surtir sus efectos si sus decisiones no son cumplidas rápidamente y si el Departamento de Defensa de Euzkadi, que sirve todas las necesidades del Ejército, no encuentra aquella libertad que en momentos, sobre todo como los actuales, es absolutamente precisa. En su virtud, vengo a disponer: 1º. Se constituye el Ejército regular de Euzkadi con la base de los batallones constituidos, que se agruparán en brigadas y divisiones, con los mandos que oportunamente y según se vayan constituyendo sean designados[11].

10.- DOPV, 13-04-1937.

11.- DOPV, 28-04-1937.

La militarización de las actividades de fortificación*

El artículo 1° del Decreto de militarización de las actividades destinadas a la guerra, de 16 de octubre de 1936, decía así:

«Se procede a la militarización y movilización de todas aquellas industrias o trabajos que actualmente tienen finalidades de guerra y de todas aquellas que puedan relacionarse de algún modo con las necesidades militares, que se hallen establecidas dentro del territorio sujeto a la jurisdicción del Gobierno vasco».

Implícitamente están comprendidos todos aquellos trabajadores que, en estos momentos como entonces, estén trabajando en las fortificaciones de defensa del País. Pero habiendo surgido algunas dudas sobre su aplicación, vengo en disponer:

1°. Se entienden militarizados todos aquellos elementos técnicos y laborales que participen o puedan participar en los trabajos de fortificación en defensa del País, quedando rigurosamente sujetos al Código de Justicia Militar para cuantas infracciones pudieran cometer.

2°. Los ingenieros y aquellos elementos técnicos que se hallan al frente de algún sector o tienen bajo su mando un número mayor o menor de trabajadores para dichas obras de fortificación, constituirán con los que dependan de su mando la brigada o brigadas de trabajadores necesarias, dotadas de disciplina militar.

3°. Dependerán jerárquicamente del jefe de la Sección de Ingenieros del Estado Mayor de Euzkadi y de los jefes encargados de trabajos de fortificación especiales, los cuales harán cumplir con el máximo rigor las disposiciones y órdenes que dicten para el más eficaz y rápido fin de los trabajos, enviando al Tribunal Militar cualquier infracción que se observara.

4°. La militarización, interpretando el espíritu del Decreto de 16 de octubre, incluye la de todos los útiles y maquinaria, la de las primeras materias y cuantos productos elaborados sean necesarios para la mejor conclusión de los trabajos.

5°. Queda advertido por esta Orden que será exigida responsabilidad inmediata a aquellos jefes o encargados de sectores que no hicieran cumplir las anteriores disposiciones.

Dado en Bilbao, a 26 de abril de 1937.

El Consejero de Defensa
JOSE A. DE AGUIRRE

* Ibid.

El 26 de abril de 1937 se procedía a la militarización de las actividades de fortificación, quedando los trabajadores de las brigadas bajo el Código de Justicia Militar. (Erri).

Los hombres de un batallón de Ingenieros del Ejército cruzan el puente de El Arenal, en Bilbao, de camino al frente, dotados de palas y picos, y con sus mantas en bandolera. (Erri).

Ese mismo día se aplicaba el Decreto de militarización de las actividades dedicadas a la guerra, de 16 de octubre de 1936, a los trabajadores dedicados a labores de fortificación. De esta manera, todo el personal de las brigadas civiles empleadas por el Departamento de Defensa, desde directores de obra a obreros de diferentes gremios y categorías, pasaban a estar sujetos a la jerarquía y disciplina militar. La militarización, a su vez, también alcanzaba a la maquinaria, útiles y materiales empleados en la construcción.

Sin embargo, al igual que había ocurrido tras el decreto de militarización de las milicias de 25 de octubre de 1936, en que la aplicación de aquella había sido lenta y no siempre eficaz, la militarización de los trabajadores de las fortificaciones no fue especialmente rigurosa. En palabras de Montaud, siempre crítico con el modo de llevarse adelante las obras, «en persecución de acabar con el estado de cosas acusado, aparece una vaga ficción de militarización que no pasa del estado oficial».

Sea como fuese, no cabe duda de que el número de hombres disponible para la construcción de fortificaciones aumentó sustancialmente con la movilización obligatoria decretada, recuperándose durante el mes de abril de 1937 el número aproximado de efectivos, unos 10 000, con los que comenzó la obra en octubre de 1936. De la misma manera, fueron destinados al frente nuevos contingentes de obreros. La queja del comandante Arambarri, en el sentido de que mientras en Bilbao había hombres ociosos en el frente faltaban brazos para fortificar, había surtido efecto y, de cara a evitar que aquellos movilizados reacios al trabajo presentaran resistencia pasiva, se los ponía bajo el Código de Justicia Militar.

Ya para esa época, el Ejército de Euzkadi, que contaba con 71 batallones de Infantería, había creado, o terminaría de crear en las

semanas siguientes y con los reemplazos movilizados, 11 batallones del arma de Ingenieros. Estos batallones, dirigidos por un comandante, constaban de 1250 hombres en su plantilla ideal, distribuidos en cinco compañías de tres secciones, mandadas por sus correspondientes capitanes y tenientes, más los suboficiales y cabos. Además de los servicios de intendencia, transporte, cocina, acemileros y cuidado de herramientas, cada batallón disponía de 1020 trabajadores[12]. A estos soldados zapadores es a los que en justicia correspondería realizar las labores de fortificación en vanguardia. Sin embargo, todo indica que se trataba de efectivos insuficientes, lo que obligó al Mando vasco republicano a incrementar con brigadas civiles militarizadas, pero no pertenecientes oficialmente al Ejército, el personal disponible. No se trataba ya de reforzar la línea del frente, sino, al haber sido éste roto, de ir construyendo sucesivas líneas de contención donde los soldados vascos pudiesen hacer frente al avance, lento pero insistente, del ejército atacante, y desde donde poder contraatacar una y otra vez con la idea esperanzada de recuperar las posiciones perdidas.

Montaud opinaba que se tenía que haber creado en el combatiente la necesidad de fortificarse por sí mismo, en vez de emplear masas de obreros para ello en la línea del frente, donde el potencial de su trabajo era desaprovechado:

Zapadores vascos se dirigen al trabajo equipados con botas de goma y ponchos impermeables. Las condiciones de trabajo a veces eran muy duras, pues a las inclemencias ambientales había que añadir la nocturnidad, los ataques aéreos y la confusión creada por las retiradas (Erri).

12.- AHE, Fondo Gobierno vasco Beyris, M-1745/5-3, 52, 3

LOS BATALLONES DE INGENIEROS DEL CUERPO DE EJÉRCITO DE EUZKADI

• **BATALLÓN DE INGENIEROS N.º 1 «MANUEL ANDRÉS»**
Adscrito a la Confederación Nacional del Trabajo (C.N.T.).
Comandante: José Portu.
Comandante intendente: Carlos García.
Cuartel: Escuelas de Olabeaga (Bilbao).

• **BATALLÓN DE INGENIEROS N.º 3 «GARCÍA HERNÁNDEZ»**
Adscrito a Izquierda Republicana (I.R.).
Comandante: Manuel García.
Comandante intendente: José Marcos.

• **BATALLÓN DE INGENIEROS N.º 5 «SAN ANDRÉS»**
Adscrito a Solidaridad de Trabajadores Vascos (S.T.V.).
Comandante: José Antonio Elorriaga; le sucedió Hilario de Apraiz.
Comandante intendente: Prudencio Madariaga; le sucedió Martín Salsidua.
Cuartel: La Herrera-Ibarra (Zalla).

• **BATALLÓN DE INGENIEROS N.º 7 «GOGORKI»**
Adscrito al Partido Nacionalista Vasco (P.N.V.).
Comandante: Nicolás de Sautua; le sucedió Benito Areso.
Comandante intendente: J. José de Murueta.
Cuarteles: Salesianos de Deusto (Bilbao) y Finca de Artaza (Leioa).

• **BATALLÓN DE INGENIEROS N.º 9**
Adscrito a Izquierda Republicana (I.R.).
Comandante: Juan Fernández.
Comandante intendente: José María Fernández.

• **BATALLÓN DE INGENIEROS N.º 11**
Adscrito a Solidaridad de Trabajadores Vascos (S.T.V.).
Comandante: Máximo Presilla.
Comandante intendente: Acasuso.
Cuartel: Chalet Oriol (Llodio, Álava).

• **BATALLÓN DE INGENIEROS N.º 2**
Adscrito al Partido Nacionalista Vasco (P.N.V.).
Comandante: Felipe Sarasketa.
Comandante intendente: Luis Galdós.

• **BATALLÓN DE INGENIEROS N.º 4**
Adscrito a la Unión General de Trabajadores (U.G.T.) y Partido Socialista Obrero Español (P.S.O.E.).
Comandante: Felipe Puerta.
Comandante intendente: Juan Nadal.

• **BATALLÓN DE INGENIEROS N.º 6**
Adscrito a la Unión General de Trabajadores (U.G.T.) y Partido Socialista Obrero Español (P.S.O.E.).
Comandante: Nicolás Caro.
Comandante intendente: Marcelino Pérez.

• **BATALLÓN DE INGENIEROS N.º 8 «AZKATASUNA»**
Adscrito a Acción Nacionalista Vasca (A.N.V.).
Comandante: Isidoro Olaizola; le sucedió Santiago Zubiaga.
Comandante intendente: Ramón Santamaría; le sucedió Murua.
Cuartel: Escuelas de Galdakao.

• **BATALLÓN DE INGENIEROS N.º 10**
Adscrito al Partido Nacionalista Vasco (P.N.V.).
Comandante: Juan Moya; le sustituyó Patxi Arrese.
Comandante intendente: César de Belandia.
Cuartel: Ayuntamiento de Derio

Diferentes emblemas de unidades de zapadores del Cuerpo de Ejército de Euzkadi.

... los obreros van a trabajar apresuradamente casi en la misma línea de combate, desarrollando un trabajo por necesidad nocturno, carente del debido rendimiento, sometido a la fluctuación del combate (…) una labor casi nula, enervante y agotadora que se traduce en pérdida constante de material y de herramienta.

Montaud, jefe del Estado Mayor del Cuerpo de Ejército de Euzkadi, era crítico con las decisiones del Mando del Ejército del Norte, que, muy a su pesar, a veces se imponían. Tras la rotura del frente y, en las semanas sucesivas:

empieza la serie inacabable y vertiginosa de líneas sucesivas en las que la orden del Ejército del Norte de contener paso a paso consumió las brigadas de fortificación que se debatían desesperadamente, sin perder el contacto con el enemigo.

El coronel de Infantería José Givelondo, en quien recayó la jefatura de las fuerzas que debían guarnecer el Cinturón Defensivo de Bilbao, consistentes, inicialmente, en los tres batallones de la Brigada de Montaña. (El Liberal).

LA GUARNICIÓN DEL CINTURÓN Y EL COMISARIADO

Cuando se inició la obra del Cinturón:

… no dejaba de preocupar a los encargados de dirigir los trabajos la enormidad de su volumen y la necesidad posterior de hombres y armas para guarnecerlo, (…) pretendían convencerse de que nada faltaría en un día que misteriosos optimismos ponían infinitamente lejano[13].

El 2 de mayo de 1937, el jefe de operaciones del Cuerpo de Ejército de Euzkadi, comandante Modesto Arambarri, nombraba al coronel José Guivelondo jefe de las fuerzas militares que habrían de guarnecer el Cinturón de manera permanente, de momento en retaguardia, mientras el resto de unidades vascas se batían en vanguardia o bien ocupaban posiciones en un frente estable, alejado de los combates o con actividad secundaria.

Las fuerzas que guarnecen accidentalmente el cinturón de Bilbao, quedan desde esta fecha dependientes de la autoridad de V.S. cualquiera que sea su situación a lo largo de la obra fortificada, de modo que la jurisdicción de su mando abarque cuantas tropas se hallen eventual o permanentemente ocupando la referida organización defensiva[14].

13.- AHE, Fondo Carlos Blasco, Documentos, C12/07, 1 FOL. Montaud, Loc. cit.

14.- AHE, Fondo Gobierno vasco Beyris, M-1686/4-7, 50, 7

La unidad con la que contaba Guivelondo, también conocida como Brigada de Montaña, la constituían los batallones de Montaña n.º 1, 2 y 3, descendientes del Batallón «Garellano», de guarnición en Bilbao en tiempo de preguerra. A estas fuerzas se tendría que añadir una brigada expedicionaria santanderina que, inicialmente, fue más necesaria en el frente.

Arambarri requería de Guivelondo utilizar toda su influencia sobre las tropas bajo su mando para perfeccionar las obras del Cinturón en los lugares en donde aquellas se encontraban desplegadas, insistiendo especialmente en los abrigos contra aviación y en el espesor de las alambradas. Para el seguimiento de estos trabajos, le solicitaba un informe diario del avance de los mismos.

Días después, el 11 de mayo, Guivelondo recibiría de José Antonio Aguirre un recordatorio en estos términos:

> Es de suma necesidad que la brigada que actúa en el punto llamado Cinturón de Artebakarra trabaje intensamente en la colocación de alambradas, abriendo refugios y camuflando trincheras, dando la máxima importancia a esta orden. (…) sírvase enviar diariamente un informe detallado explicando los trabajos ejecutados en el tiempo[15].

15.- AHE, Fondo Gobierno vasco Beyris, M-1698/4-7, 50, 7

En los días sucesivos, Guivelondo enviaría puntualmente la información solicitada, declarando meses después ante las autoridades judiciales republicanas que las obras de defensa a mejorar eran muy irregulares y que *«más que Cinturón de Hierro constituía un verdadero cinturón de goma»*[16]. Así continuó hasta que, tras un ataque aéreo a su puesto de mando en Lezama, ocurrido el 4 de junio de 1937, el coronel Guivelondo, herido, fue hospitalizado en Bilbao para su cura y recuperación.

Por otra parte, el 15 de mayo, el comandante Isidoro Olaizola recibía con carácter provisional su nombramiento de comisario para el Cinturón de Bilbao, de manos del Comisario General del Cuerpo de Ejército de Euzkadi, el comunista guipuzcoano Jesús Larrañaga:

> Por la presente credencial le participo que ha sido Vd. nombrado Comisario Delegado de Guerra cerca de la jefatura de las fuerzas que guarnecen y fortifican el cinturón de Bilbao, debiendo trasladarse inmediatamente al punto donde radica dicha Jefatura, poniéndose en contacto con la misma y dando cuenta de ello a esta Comisaría General»[17].

Puente de pontones sobre el río Nalón, durante la ofensiva contra Oviedo de febrero de 1937. Fue construido por el grupo de fortificaciones del Batallón de Infantería 23 ANV 2-Euzko Indarra, bajo las órdenes de Olaizola. (Museo Memorial del Cinturón de Hierro).

16.- Centro Documental de la Memoria Histórica (en adelante CDMH), FC-Causa General, 1543. *Sumario en esclarecimiento de las responsabilidades que proceda exigir por la pérdida de Vizcaya, Santander y Asturias.*

17.- MMCdH, Fortificaciones, Comunicación de J. Larrañaga a I. Olaizola 15-05-1937.

EUZKADI'KO GUDAROSTEA

GUDA ORDEZKARITZA NAGUSIA

EJÉRCITO DE EUZKADI

COMISARIADO GENERAL DE GUERRA

Constituido por orden del Consejero de
Defensa de fecha 17 del actual, el Comisariado
General de Guerra de Euzkadi, hemos procedido a
una división de trabajo, en las siguientes Secciones:

1ª. PROPAGANDA a cargo de
    D. Jesús de Larañaga y Txuruka
    D. Luis Ruiz de Agire

2ª. ORGANIZACION a cargo de
    D. J.Mª de Lasarte y Arana
    D. Máximo de Astiz y Bandrés

3ª. SERVICIOS GENERALES a cargo de
    D. Cecilio Egaña Ikaza

      Por consiguiente en lo sucesivo toda
la relación de los distintos Comisarios con este
Comisariado General, serán dirigiéndose a las
respectivas Secciones, según sea la materia de
la comunicación.

      Bilbao, 24 de Mayo de 1.937

SR. JEFE DE OPERACIONES DE ESTADO MAYOR.

El presidente Aguirre nombró cinco comisarios generales para el País Vasco el 17 de mayo de 1937, cada uno de un partido diferente, evitando así la hegemonía comunista en la cabeza del Comisariado de Guerra (Museo Memorial del Cinturón de Hierro).

En la misma misiva, Larrañaga indicaba a Olaizola que el puesto para el que había sido nombrado lo había ostentado anteriormente «*el camarada Primitivo Rodríguez Jiménez, actual Comisario de la Quinta División*». Por aquel momento, Isidoro Olaizola ejercía el mando del Batallón de Ingenieros nº 8 «Azkatasuna», cargo que no dejó al recibir el de comisario, manteniendo los dos. Olaizola, miembro de Acción Nacionalista Vasca, con anterioridad a la creación del Batallón «Azkatasuna», había sido oficial del Batallón de Infantería nº 23 ANV 2-Euzko Indarra, participando en la ofensiva sobre Oviedo de febrero de 1937, dentro de la segunda Brigada Expedicionaria vasca del comandante Cándido Saseta. Allí, la unidad tuvo decenas de muertos y Olaizola, responsable de su grupo de fortificaciones, destacó por sus soluciones en el campo de la ingeniería militar, debiéndosele la organización y montaje de un puente de pontones sobre las aguas frías del río Nalón, entre otras cosas.

Isidoro Olaizaola, comandante del Batallón de Ingenieros nº 8 «Azkatasuna», nombrado Comisario Delegado de Guerra para el Cinturón Defensivo de Bilbao. (Cortesía Familia Olaizola).

Aunque el Gobierno de la República española, en fecha 15 de octubre de 1936, había establecido la presencia de comisarios delegados de Guerra en las unidades del Ejército Popular, en el País Vasco, el presidente y consejero de Defensa Aguirre no veía con buenos ojos la implantación de esta figura de inspiración soviética. La presencia comunista entre las tropas vascas era minoritaria y Aguirre, nacionalista vasco y católico, no deseaba el adoctrinamiento marxista de sus gudaris. A tal efecto, no reconoció los nombramientos del Ejército del Norte en su jurisdicción vasca y finalmente aceptó la existencia de comisarios, pero creando el Comisariado General de Guerra de Euzkadi, el 17 de mayo, y eligiendo cuidadosamente a los titulares, con pluralidad política, a fin de evitar un elevado peso específico de los comunistas. En ese contexto, Aguirre mantuvo a Larrañaga como Comisario General, pero nombró a otros cuatro más para equilibrar las fuerzas: Luis Ruiz de Aguirre por ANV, Juan María Lasarte por el PNV, Máximo de Astiz por la CNT y Cecilio Egaña por el PSOE.

En esas circunstancias, el comandante de milicias Olaizola, nacionalista vasco de izquierdas, se mantuvo en su puesto de comisario y en la jefatura de su batallón de Ingenieros, batallón que, formado a finales de abril de 1937, participaría en la fortificación de Peña Lemona y en la del subsector de Fika del Cinturón, como más adelante se detallará.

AGUIRRE, JEFE DEL EJÉRCITO

Sin duda, el hecho más importante del mes de mayo de 1937 en el ámbito militar ejecutivo del País Vasco fue la asunción de la jefatura de las fuerzas vascas por el propio consejero de Defensa. Ya desde tiempo atrás, la antipatía mutua entre Aguirre y el general del Ejército del Norte, Francisco Llano de la Encomienda, era patente. El fracaso de la ofensiva sobre Vitoria en diciembre de 1936, unido a distintas sensibilidades y puntos de vista en lo relativo a la dirección de la guerra y al ámbito competencial, había creado una gran distancia entre ambos que solo se podía salvar con la intervención política del Ministerio de la Guerra. El presidente Aguirre solicitó un nuevo general para sus tropas, desligando el Cuerpo de Ejército de Euzkadi del Ejército del Norte, sin recibir respuesta del Gobierno de Francisco Largo Caballero. Aguirre reunió a su Gobierno autónomo el 5 de mayo de 1937 y obtuvo el respaldo político para prescindir de Llano y tomar personalmente el mando operativo de las fuerzas militares vascas hasta que el litigio se resolviese en su favor. El Estado Mayor de Euzkadi recibió del secretario de Defensa, Joseba Rezola, la indicación de «*hacer caso omiso de todas las órdenes emanadas del Estado Mayor del Ejército del Norte*» (Muguerza, 1978). Mientras, la ofensiva del general Mola en Vizcaya proseguía, a ritmo muy lento pero constante.

La nueva situación requería una reorganización. Así, Aguirre, el 9 de mayo, cesó en el cargo de Jefe de Operaciones al comandante Modesto Arambarri y en el de Jefe de Estado Mayor al teniente coronel Montaud, nombrándolos asesores militares para su desempeño de Jefe del Ejército vasco:

Por acuerdo del Gobierno de Euzkadi, recaído en su Consejo del día 5 del actual, el Consejero de Defensa que suscribe asume el

El general Llano de la Encomienda, jefe del Ejército del Norte republicano, junto al capitán Ciutat, observa desde su despacho del Hotel Carlton de Bilbao un desfile de gudaris en enero de 1937. Las relaciones del militar con Aguirre estaban muy deterioradas y, en mayo de ese año, el presidente pidió su sustitución. (Museo Memorial del Cinturón de Hierro).

Mando Militar del Ejército de Operaciones de Euzkadi. En su virtud, y al cesar el comandante don Modesto de Arambarri en la Jefatura de Operaciones que hasta ahora ha venido desempeñando, y de la cual me hago cargo, vengo en nombrarle Asesor Técnico Militar y jefe de las órdenes, a efectos de la Jefatura de Operaciones (…) Vengo en destinar al teniente coronel don Alberto Montaud y Noguerol a las inmediatas órdenes de la Jefatura de Operaciones que ejerce el Consejero que suscribe, y como Asesor Técnico Militar, cesando en el cargo de jefe del E. M. que hasta ahora ha venido desempeñando[18].

El mismo día, Aguirre designaba un nuevo Estado Mayor poniendo al frente al comandante Ernesto Lafuente, hasta entonces titular de la Jefatura de la 4ª Sección, Servicios, de la que dependía el departamento de Fortificaciones. Ahora, la 4ª Sección quedaba en manos del civil José Ibargüen, persona por tanto alejada de la profesión castrense y de la arquitectura militar. Tal vez debido a esta carencia, y vista la importancia de fortificar Bilbao, Aguirre requirió la intervención directa de Montaud en esa área. Para ello, José Antonio Aguirre se dirigió al teniente coronel cesado:

El político socialista Francisco Largo Caballero, presidente del Gobierno de la República y ministro de la Guerra, no atendió la solicitud de Aguirre. Días después, tras una crisis de gobierno, dimitió de sus cargos. (Biblioteca Nacional de Francia).

> Vista la necesidad de una dirección técnica superior en todas las obras de fortificación que se realizan en los frentes de Euzkadi, vengo en nombrarle Inspector de Fortificaciones, con las máximas facultades y atribuciones para la dirección y ejecución de los trabajos que exijan la realización del plan puesto en práctica y los que se proyecten en lo sucesivo, que han de ser sometidos a su aprobación[19].

Montaud, que no acogió con agrado su cese como Jefe de Estado Mayor para pasar a ser Asesor Técnico Militar de Aguirre, renunció educadamente al cargo de Inspector de Fortificaciones, lo que no fue óbice para que Aguirre, dos días después,

18.- DOPV, 10-05-1937.

19.- AHE, Fondo Gobierno vasco Beyris, M-1753/5-3, 52, 3

requiriese nuevamente sus servicios en ese campo, tras elogiar sus conocimientos:

Como es usted quien conoce mejor que nadie el Cinturón de Bilbao, me preocupa extraordinariamente el problema de la ocupación y defensa de dichas fortificaciones, si esa eventualidad nos fuese impuesta por el enemigo. Es necesario, si ese caso ocurre, que las tropas no tengan más que ocupar los lugares correspondientes, siguiendo un plan establecido por el Mando[20].

Para ello, Aguirre le indicaba a Montaud:

Yo quisiera que usted hiciera con toda urgencia este estudio que lo reputo de grandísimo interés.

Cumpliendo las órdenes recibidas, el teniente coronel de Ingenieros preparó sendos informes que entregó a su superior el 13 de mayo.

Llamamiento a filas de los hombres pertenecientes a los reemplazos de 1925, 1926 y 1927. Durante su presidencia, Aguirre movilizó dieciocho quintas, afectando a los varones de 19 a 36 años. (La Tarde).

Movilización de los reemplazos de 1925, 1926 y 1927

Conforme a lo dispuesto por el excelentísimo señor consejero de Defensa va a procederse en el Ayuntamiento de Bilbao a la presentación de los mozos nacidos en los años 1904, 1905 y 1906 que hayan sido alistados en Bilbao o que por cualquier circunstancia se hallen ahora residiendo en esta capital (mozos de fuera).

La presentación deberá hacerse hoy, mañana y pasado, o sea los días 24, 25 y 26 del actual, durante las horas de nueve a una y de cuatro a ocho de la noche.

Los mozos deberán presentarse en el salón árabe de la Casa Consistorial, durante las horas señaladas, para que se tome nota de que han hecho la presentación.

Quedan exceptuados de esta incorporación todas aquellas clases de individuos de tropa que se hallen ya prestando servicio en las unidades del Ejército de Euzkadi.

El primero recogía el esquema de la Orden General para la Defensa[21]. En él, Montaud explicaba que:

La ocupación de la obra fortificada de defensa próxima de Bilbao está (…) hace tiempo estudiada a base de sectores y subsectores cuya adaptación a la actual organización en Divisiones y Brigadas es sencilla y podría hacerse enseguida. Pero esta ocupación requiere un contingente y un número de ametralladoras probablemente superiores a las disponibles en el momento de acogernos a aquella organización.

Este esquema dividía el Cinturón en cinco sectores, de cara a la defensa, y estos, a su vez, en subsectores que incluían organizaciones defensivas y centros de resistencia. Montaud les asignaba la guarnición ideal que

20.- AHE, Fondo Gobierno vasco Defensa, Secretaría General, 518, 07, 1-3

21.- Ibid.

tendrían que tener desplegada en línea, así como las reservas disponibles en su retaguardia inmediata. Contemplaba, además, los emplazamientos de artillería, los observatorios, las redes de enlace, su municionamiento y su intendencia. Concluía el militar con que no se podía contar con esta organización perfecta, pues, a su juicio, tras un mes y medio de ofensiva, las fuerzas vascas se encontraban muy mermadas de personal y de armas automáticas, por lo que cabía «*buscar una solución distinta (...) y racionalmente adaptada a las posibilidades presentes*».

La nueva propuesta de Montaud se basaba en

... la necesidad de aprovechar al máximo la fuerza remanente del Cuerpo de Ejército, de modo que, debidamente repartida y dotada de la máxima movilidad, facilite la acumulación en el punto elegido por el atacante de hombres y de medios en la mayor cantidad y en el menor tiempo posible.

Joseba Rezola, secretario general de la Consejería de Defensa. El 26 de agosto de 1937 sería hecho prisionero en Santoña (Cantabria) y posteriormente condenado a la máxima pena, que finalmente le sería conmutada, quedando libre en 1943. (Archivo Histórico de Euskadi).

Cuando hablaba de remanente, podría entenderse las reservas, que en aquel momento de ofensiva estaban a disposición del Cuerpo de Ejército que se batía en el frente. Y es que la necesidad de hombres había forzado la movilización de nueve nuevos reemplazos, así como la llegada de fuerzas expedicionarias asturianas y santanderinas. Como hemos visto, la única fuerza inicial con la que contaba Guivelondo para guarnecer el Cinturón era la Brigada de Montaña, que solo abarcaba el segmento comprendido entre Artebakarra y Mantuliz. Más claro resulta el plan B de Montaud cuando explicaba que:

Podría dividirse el cinturón en cinco grandes frentes o sectores correspondientes a la actuales cinco Divisiones con que orgánicamente contamos y dentro de cada sector o frente, mandado por el jefe divisionario correspondiente, se establecerían tres densidades de ocupación: la de seguridad, la de precaución y la de combate.

De esta manera, los contingentes de seguridad y de precaución de cada división se mantendrían en línea en su sector, mientras que sus reservas divisionarias podrían enviarse rápidamente al punto donde se estuviese produciendo el ataque, llegado el momento, fuera cual fuese el sector atacado, impidiendo la rotura. Montaud también proponía dividir la masa artillera disponible en dos tipos de asentamientos: los de seguridad, con un número de piezas mínimo para guarnecer la línea, y los de combate, con vista a agrupar el mayor número de bocas de fuego en el punto amenazado de rotura. No obstante, el teniente coronel no dejaba de recordar que, en caso de ataque, la artillería de los defensores debiera ser superior a la de los atacantes para hacer fracasar el intento de estos últimos, cosa que de partida de ninguna manera podía lograr la débil artillería vasca frente a la contrincante, como se vería semanas más tarde.

A tal efecto, Montaud entregaba a Aguirre su segundo documento, el esquema de la Orden General de Ocupación de las obras de Defensa Próxima de Bilbao[22], con soporte cartográfico. Asociaba a la defensa tanto a las unidades vascas como a las expedicionarias del Norte y establecía los cinco frentes divisionarios como sigue: Frente de Sopelana-Artebakarra, comprendido desde el mar al monte Urrusti; Frente de Larrabezúa (Larrabet-

Soldados del Batallón de Montaña «Garellano» nº 6 enviados al frente de Otxandio en julio de 1936 para detener a los sublevados. Este fue el embrión de la Brigada de Montaña, constituida con tres batallones que serían después destinados a guarnecer el Cinturón a las órdenes del coronel Guivelondo. (Foto Goicoechea, Archivo Histórico de Euskadi).

22.- Ibid.

zu), desde Urrusti a Arteta; Frente de Miravalles, desde El Gallo hasta el monte Ganekogorta; Frente de Sodupe, desde Ganekogorta a la Berenilla; Frente de Ciérvana (Zierbena), desde la Berenilla a Abanto.

Montaud admitía que la excesiva longitud del conjunto no permitía acumular grandes remanentes, con lo que cada frente divisionario debía conformarse con una ocupación normal de seguridad, capaz de densificarse de manera preventiva, para finalmente recibir el lugar amenazado, las reservas posibles de los demás frentes. Para ello, cada frente de división se dividía en sectores de brigada y estos, a su vez, en subsectores de batallón, de tal manera que, como principio general de ocupación, cada subsector reservase una compañía y cada sector un batallón para acudir a la línea de resistencia, en caso de amenaza, logrando allí la densidad de prevención. Por su parte, cada división reservaría una brigada para que, elegido por parte del enemigo el punto de ataque, pudiera aquella rápidamente desplazarse al lugar atacado, donde contener y hacer fracasar la iniciativa del adversario. En tal operación y, a las órdenes del Alto Mando, se utilizarían al menos dos brigadas de reserva.

Además de lo anteriormente expuesto, Montaud completaba que:

... los distintos servicios formarán una red permanente de parques, depósitos y centros sanitarios, de modo que, cualquiera que

Izquierda. En mayo de 1937, el teniente coronel Montaud presentó al lehendakari, y a petición de éste, un plan de ocupación y defensa de las fortificaciones del Cinturón, así como un informe del estado de las mismas, redactado con carácter crítico, pero ofreciendo soluciones prácticas (Memoria de la Guerra de Euzkadi).

Abajo. José Antonio Aguirre como jefe del Ejército de Euzkadi, en una postal de solidaridad con el País Vasco editada en Barcelona en la primavera de 1937 (Ilustración de Paco Rivera).

Cuerpo de guardia de las fortificaciones del Sector de El Gallo a la hora del almuerzo (Erri).

sea el lugar que la iniciativa del enemigo escoja, las fuerzas defensivas que acudan encuentren debidamente satisfechas sus necesidades de municionamiento, abastecimiento y curación ...

Para ello disponía cómo deberían funcionar los servicios, comunicaciones y transmisiones de las unidades militares desplegadas para la defensa.

El teniente coronel Montaud era consciente de que, para cuando llegase el momento de que las tropas vascas ocuparan el Cinturón, sería necesario contar con algunos preparativos previos:

> ... una acabada defensa precisa el conocimiento al detalle tanto de la organización interna de la obra (...) como de su campo exterior (...) y por todo ello, deben estar los sistemas fortificados guarnecidos con una ocupación permanente.

Pero como todo apuntaba a que la ocupación del Cinturón se iba a realizar de manera apresurada, sin tiempo de preparación ni familiarización de los efectivos de las divisiones vascas con las fortificaciones a ocupar:

> ... este defecto puede obviarse guarneciendo las obras con un mínimo de hombres que las ocupen en permanencia, estudien la campaña y puedan proporcionar a los eventuales

defensores, en su día, cumplido conocimiento de los datos principales de la defensa.

Algo que, de alguna manera, ya estaba realizando desde días atrás la Brigada de Montaña, aunque de modo insuficiente.

Así, Montaud proponía:

> ... designarse un oficial por subsector que, puesto en contacto con el técnico director de las obras del mismo, se hiciese cargo de las fortificaciones como jefe provisional de ellas. (...) El oficial del subsector se instalaría en el puesto de mando correspondiente (...). Los jefes técnicos de las fortificaciones que hubieran intervenido en su construcción deberían ocupar los puestos de mando de sector.

E incluso cada sector debería de contar con un jefe artillero y con un encargado de parques conocedor del terreno. El plan, muy lógico, apostaba por emplear de manera provisional a personal de retaguardia en los puestos que, llegado el caso, ocuparían los jefes de división, brigada y batallón, es decir:

> ... hombres capaces de dar cuenta y de instruir a los defensores definitivos en la contextura y los detalles de las obras.

Nido de ametralladora doble construido en Usansolo, en el Subsector de El Gallo. Se trataba de una zona fortificada en profundidad, tanto con elementos defensivos de hormigón como de madera (I. Ojanguren, Gure Gipuzkoa).